CliffsNotes™

다락원
명작노트
047

이방인

The Stranger

알베르 카뮈

다락원 WILEY
Publishers Since 1807

세계의 교양을 읽는다

고전을 왜 읽는가?

인간의 삶과 세상에 대한 영원한 물음이 있기 때문이다. 시대와 사상을 뛰어넘어 지금 여기 우리에게 필요한 물음이 없는 고전은 더이상 고전이 아니다. 인간과 삶에 대한 근원적인 물음 없이 고전을 읽는다면 자신과 인간에 대한 성찰과 지혜로 이어지지 않는다. 논술 시험 때문에, 과제물 때문에, 아니면 남들이 읽으니까, 나도 읽는다는 식이라면 그 책은 죽은 책일 수밖에 없다.

고전을 살아 있는 책으로 만드는 이 '물음!'에 답하기 위해서는 좋은 길잡이가 필요하다. 40년 이상 미국의 고교생과 대학 주니어들이 시험, 에세이 작성, 심층토론 준비를 위해 바이블처럼 애용해온 'CliffsNotes'와 'SPARKNOTES'는 바로 그런 좋은 길잡이의 표본이다. 이 두 시리즈가 원조 논술연구모임인 '일이관지(一以貫之)' 팀의 촌철살인적 해설을 곁들여 〈다락원 명작노트〉로 재탄생해 논술로 고민중인 대한민국 학생 여러분을 찾아간다.

CliffsNotes와 SPARKNOTES의 가장 큰 장점은 방대하고 난해한 고전을 Chapter별로 요약하고 분석해서 원전의 내용에 보다 쉽고 체계적으로 접근하는 신속·간편성이라고 할 수 있다. 여기에 '一以貫之'팀이 원전의 중요한 문제의식, 즉 근원적 '물음'은 무엇이며, 그 '물음'은 오늘날에도 여전히 유효한가, 라는 질문을 다시 던진다.

대입논술로 고민하고, 자칭 타칭의 고전이 넘쳐나는 오늘의 독서풍토에서 지적 정복이 긴박한 대한민국 학생들에게 감히 이 시리즈를 자신 있게 권한다.

一以貫之 논술연구모임 연구실장 이호곤

차례

CliffsNotes와 SPARKNOTES는 방대한 원작을 보다 쉽게 이해할 수 있도록 돕는 안내서입니다. 원작 이해를 돕기 위해 작가와 작품에 대한 배경지식, 그리고 매 장마다 '줄거리 및 풀어보기'가 실려 있습니다. '줄거리'를 통해서는 원작의 내용을 명쾌하게 파악함으로써 독서의 즐거움을 느낄 수 있을 것입니다. '풀어보기'에는 원작에 담긴 문학적 경향, 등장인물의 심리상태, 시대상, 주제 등을 설명해 놓았습니다. 비판적 글읽기의 바탕이 되는 요소들이죠. 비판적 글읽기는 소설과 비소설 작품을 막론하고 책을 읽을 때 꼭 필요한 자질입니다.

그 밖에도 작품을 좀더 심오하게 분석할 수 있도록 '마무리 노트', 'Review' 등을 마련해 놓아 독자 여러분의 글읽기를 돕고 있습니다.

* 〈   〉는 장편소설, 중편소설, 논픽션, 시집. " "는 수필집, 단편소설

❂ 일이관지(一以貫之) 논술노트

권말에는 一以貫之 논술팀에서 작성한 논술 노트가 실려 있습니다. 원작을 우리의 삶과 연계시켜 비판적 사고와 논리적 글쓰기의 방향을 제시합니다.

❂ 실전 연습문제

논술예제와 기출문제를 통해서는 원작을 바탕으로 출제 가능성이 높은 논점을 함께 숙고해 봅니다.

작가 노트

카뮈의 생애

카뮈의 생애

알베르 카뮈 Albert Camus는 1913년 11월 7일, 살갗을 태울 듯 뜨거운 태양이 내리쪼이는 지중해 연안의 알제리에서 출생하고 성장했다. 따라서 태양과 바다는 그의 소설, 희곡, 수필의 뿌리이자, 그가 표현하는 서정성, 상징, 가치의 일부다. 초기 수필집 "결혼 Noces"을 보면, 젊은 시절의 카뮈에게 우주는 곧 어머니이자 아버지이며 연인이었으나 이 자연계가 지닌 역설적 측면들을 깨닫고 있었던 듯이 보인다. 수영과 도보 여행처럼 감각적 자유를 느끼게 해주는 즐거움은 언제나 삶을 빈곤과 결핍의 문제로 만들어놓는 척박한 대지와 대비되었고, 일찍이 눈부신 우주 속에서 철저히 혼자라는 인간의 부조리한 조건을 자각하고 있었다. 이러한 생각은 카뮈의 '태초에는…'에 해당하는 개념이었다. 이 같은 진실을 지닌 그의 글들은 모두, 인간만이 자기 자신, 자신의 의미, 자신의 한계에 책임이 있다는 엄연한 진실을 무시하거나 허용하지 않는 사회적 · 종교적 · 개인적 순종에 기만당하는 것을 거부하기 때문에 반항적으로 들린다. 카뮈의 글들은 인간이 지닌, 추방되었지만 고상한 조건을 끊임없이 믿는다는 증거다.

카뮈의 아버지 뤼시앵 카뮈는 제1차 세계대전이 발발한 1914년 마른 전투에서 전사했고, 한 살이었던 카뮈는 청각장애자인 어머니 밑에서 성장했다. 어머니는 재산도 없었고, 아들에게 별반 즐거움을 주지 못한 동반자였던 것으로 보인다. 카뮈는 대부분의 시간을 운동과 공부, 생계에 필요한 노동을 하며 지냈다. 고등학교를 마치자, 가난에 찌든 그는 대학 학위를 도전 가치가 있는 가장 중요한 일로 생각했다. 그러나 공부에 대한 열성과 야망에도 불구하고, 쉽사리 대학 과정을 마칠 수 없었다. 알제 대학교 철학과 학생이던 1930년에는 폐결핵에 걸려 거의 죽다가 살아났다. 그 병은 이후에도 여러 해에 걸쳐 간헐적으로 그를 괴롭혔다. 그리고 병이 회복되고 나서는 늘 따라다니는 가난으로 괴로움을 겪으면서 생계를 위해 어쩔 수 없이 몇 년간 기상학자, 경찰서 서기, 세일즈맨 등의 직업을 전전했다. 그동안에 그는 결혼했다가 이혼했고, 공산당에 입당했다가 탈당했다. 대학 학위를 받기 한 해 전인 1935년에는 알제의 노동 계급을 상대로 연극을 공연하는 노동극단을 조직했고, 1939년 극단 운동을 접기에 앞서서는 우주는 인간과 죽음에 전혀 관심을 두지 않는다는 주제를 다룬 수필집 "표리 Betwixt and Between"를 출판했다. 오직 죽음을 통해서만 인간을 지배하는 것 같은 찬란한 우주 속에 놓인 인간의 무방비 상태와 고립을 묘사한 카뮈의 역설과 감상이 적절히 혼합된 우울한 글들이다. 그러나 카뮈가 이 작품집에서 처음으로 인간이 영원한 가치를 지닌 것처럼 삶을 옹호하고 있다는 점에서 낙관적 견해도 존재한다고 하겠다. 인간은 자신과 자신이 속한 세계에 맞서는 용기 있는 반란을 통해서만 허무주의적 파국에서 빠져나올 수 있는 문명을 창조해내기 시작할 수 있다고 그는 믿는다.

1937-39년, 카뮈는 좌파 신문인 알제-레퓌블리캥에 서평과 평론을 이따금씩 썼고, 그 뒤로 잠깐이었지만 스와르-레퓌블리캥의 주필을 맡기도 했다. 프랑스의 식민정책에 극도로 비판적이었던 그는 신문이 폐간당한 후에 비공식적이나마 기피인물이 되어 어떤 일자리도 얻을 수 없다는 사실을 알게 되자 1940년 알제리를 떠나 파리로 간다. 그곳에서 그는 한동안 파리-스와르 지 기자로 일하지만, 언론인으로서 다시 한 번 중도 하차해야 하는 상황을 맞는다. 독일이 프랑스를 침공했기 때문이었다.

카뮈는 다시 북아프리카로 돌아왔다. 그는 재혼을 했고, 오랑 시의 한 사립고교에서 교사 생활을 시작했고, 노트 몇 권 분량에 해당하는 〈이방인 *The Stranger*〉과 〈시시포스의 신화 *The Myth of Sisyphus*〉의 초고와 여러 판본을 집필하는 한편, 새로운 형식의 소설 〈페스트 *The Plague*〉도 구상했다.

이듬해, 〈이방인〉과 〈시시포스의 신화〉가 출간되면서 카뮈는 세계적인 작가로 입지를 굳혔다. 〈이방인〉의 주인공 뫼르소는 하나의 문학적 전형이 되었고, 초반 몇 문장은 부조리하거나 역설적인 상황과 동의어가 되어버렸을 정도다. 대중들은 일찍이 뫼르소처럼 지독하게 솔직한 인물이 등장하는 작품을 읽어본 적이 없었다. 사실, 어쩌면 유일하게 칭찬받을 만한 그의 자질은 정직성뿐인지도 모른다. 뫼르소는 영웅적 자질과는 거리가 먼, 주인공답지 않은 주인공이자 신도 믿지 않고 거짓말도 하지 않는 평범한 회사원이다. 그는 영화구경을 가고, 수영을 하고, 섹스를 하는 것의 가치를 인정할 뿐이다. 종국에 그는 아랍인을 살해한 죄로 단두대에 서게 되지만 그 죽음은 어머니의 장례에 대한 무관심에서 비롯된 것처럼 보인다. 뫼르소는 감옥에 갇히고 나서야 자유와 행복을 자각하는데, 〈페스트〉에서 오랑 시의 시민들이 고립되었을 때와 비슷한 상황이다. 그는 마지막 순간에 대한 예민하고 기쁜 자각으로 죽음을 맞이하며, 생생한 최후와 그 증인으로 증오의 함성으로 자신을 맞아주는 군중이 있었으면 하고 바랄 뿐이다.

〈이방인〉이 출간된 1942년, 프랑스로 돌아가 레지스탕스 운동에 헌신하기로 작정한 카뮈는 독일 치하에서 편집자로 활동한 지하신문의 제호와 같은 콩바(전투)란 조직에 가입했고, 1944년 파리 수복 이후에도 4년 동안 콩바 지의 편집자로 활동하면서, 전쟁 때 집필한 평론집들을 출간했다. 1944년에는 그의 희곡 〈오해 *The Misunderstanding*〉와 〈칼리굴라 *Caligula*〉가 공연되었다. 〈오해〉와 달리, 〈칼리굴라〉는 호평을 받았다. 1945년 카뮈는 강연, 그리고 긴 전쟁을 종식시킨 강한 국력이 어떤 것인지를 직접 체험하기 위해 미국을 여행했다.

우화적 작품인 〈페스트〉는 1947년 6월에 출간되자마자 주요 작품으로 인정받았다. 비평가나 독자 모두, 이 으스스한 연대기풍의 이야기에 대해 한 목소리로 찬사를 보냈다. 이 작품은 대중성을 지향하는 작품에서 흔히 나타나는 공식과도 같은 문학적 장치들, 이를테면, 강렬하고 낭만적인 플롯의 전개, 매력적인 무대, 그리고 주요 등장인물에 대한 효과적인 묘사 등 그 어떤 특출한 요소도 지니고 있지 않았다. 그러나 나치 치하에서 해방되어 차츰 복구되어가던 국가의 국민들에게는 인간의 존엄성 유지와 생존이 가장 중요한 문제였던 몇 개월의 시간에 대한 믿을 만한 기록이었다. 전쟁 이후의 독자들은 이별과 추방의 고통과 불행을 충실하게 기록해낸 이 작가의 글이 지닌 가치를 인정하고 공감했던 것이다.

1949년, 남아프리카 여행을 마치고 귀국한 카뮈는 병이 깊어져 은둔하다시피 지냈으며, 이따금 정치 평론집을 출판했다. 1951년, 건강을 되찾은 그는 형이상학적 · 역사학적 · 예술적 반항에 대한 폭넓은 연구가 담긴 〈반항적 인간 *The Rebel*〉을 발표했다. 이 작품은 대단한 물의를 일으켰고, 심지어 장 폴 사르트르와의 친교에 금이 갔을 정도였다.

〈반항적 인간〉 이후, 카뮈는 국제적으로 이름난 희곡작가들의 작품들을 번역하기 시작했고, 각색한 작품들은 곧바로 무대에 올려졌다. 칼데론*의 〈십자가 신앙 *La Devocion de*

---

* **페드로 칼데론**(Pedro Calderon de la Barca, 1600-81)∶ 17세기 스페인 극작가. 바로크 시대의 대표적 작가로, 주요 작품은 〈이상한 마법사〉, 〈십자가의 신앙〉 등.

la Cruz〉, 라리베*의 〈정령 Les Espirits〉, 부차티**의 〈흥미 있는 경우 Un Caso Clinico〉, 포크너의 〈어떤 수녀를 위한 진혼곡 Requiem for a Nun〉 등이다. 이어 정치 평론집 몇 권을 더 내놓았고, 동시대의 여러 저술에 대한 서문들도 집필했다.

1956년, 신작 소설 〈전락 The Fall〉이 발표되었다. 이 작품은 출세도 했고, 사람들로부터 칭송도 받지만, 자살하려고 물속으로 몸을 던진 여인을 도와주지 않고 난 후, 갑자기 자신의 양심과 대면하는 한 변호사의 이야기다. 자신의 거짓과 죄의식에 대한 고백은 동시대 사회에 대한 정확하고 통렬한 비평을 담고 있다. 〈페스트〉처럼 야심 차거나 긴 작품은 아니지만 〈이방인〉만큼은 세련된 걸작이다.

이듬해 카뮈는 노벨문학상을 수상했고, 2년 후인 1960년 1월 4일 교통사고로 사망했다. 그의 사후에 바쳐진 많은 찬사의 글은 그의 죽음이 내포한 부조리함 — 그 갑작스러움, 그 무용함, 그 이유를 설명하기 힘든 논리의 부재 등 — 을 지적했다. 하지만 카뮈는 그런 글을 쓴 사람들보다도 자신의 개인적 삶이 지닌 의미를 더욱 절실하게 자각하고 있었을지도 모른다. 그의 무의미한 죽음은 그의 문학에서 가장 중요한 부분을 이해하게 해주는 증거가 된다.

---

* **라리베**(Pierre de Larivey. 1540-1619): 프랑스 고전 극작가. 대표작 〈견고한 신앙심〉 외.
** **부차티**(Dino Buzzati.(1906-72): 20세기 이탈리아 소설가. 기괴하고 환상적인 작품을 많이 썼다. 대표작 〈타타르인의 사막〉.

작품 노트

카뮈와 부조리

알베르 카뮈의 문학 세계 안으로 들어가기 전에 우리가 먼저 알아야 할 사항은, 그가 무신론자란 점이다. 따라서 그의 작품에 등장하는 주요 인물들은 아예 신을 믿지 않거나 신앙이란 문제와 씨름하고 있으리란 예상을 할 수 있게 된다. 그렇다면 독자로서는 먼저 신성 혹은 신이란 존재가 아예 없다고 자각한 인물에게 어떤 일이 일어나는지 간단히 짚고 넘어가면 득이 될 수도 있다. 어떤 인물이 자신의 죽음은 최후이고, 기쁨, 실망, 고통이 무(無)의 상태인 내세(來世)의 전주가 되는 아주 잠깐 동안의 깜박임이라고 깨닫는다면 어떤 일이 일어날까? 그는 일하고, 먹고, 사랑하고, 잠자는 일상생활에 어떤 변화를 가져와야 할까? 나쁜 짓을 한 적이 없는데도 영원한 공허의 세계로 떨어질 운명이란 것을 처절할 만큼 확실히 깨달았던 카프카의 요세프 카와 흡사하다. 그가 처한 운명이 무의미한 탄생-죽음의 순환의 일부이고, 죽음은 엄연한 사실이며 그는 죽을 운명이다. 요컨대, 그는 자신의 꿈과 희망을 투사시켜온 미래라는 스크린 위에 초점이 맞춰진 '끝'이란 자막을 보고 있는 것이다. 초인적인 존재에 의지하려는 희망은 이제 부질없는 짓이다. 그는 자신과 동료 인간들의 종말을 보고 있다. 그렇다면, 다음에는 어떤 일이 벌어질까? 만약 모든 것이 무의미하다면, 자살일까? 아니면, 언제나 묵묵부답이지만 현상계의 신을 향한 맹목적인 회귀여행일까?

　　이처럼 죽음과 그것이 지닌 무존재의 심연에 대한 관심은 대다수 카뮈 작품의 바탕을 이룬다. 영속적인 무의 내세로 향하게 될 운명인 그 등장인물들은 작가와 똑같은 어려움과 고뇌로 고통받는 경우가 많고, 독자들 입장에서는, 자기들 역시 죽게 된다는 사실 인식이 카뮈의 부조리 개념을 대면하고 경험하는 출발점이 된다.

　　그러나 카뮈의 부조리는 절망과 허무주의로부터 벗어날 수 있는 하나의 구원인 긍정적 낙관주의, 즉 이 세계를 문명화시킬 인간적 책임이 대단히 강조되는 낙관주의를 받아들인다. 따라서 인간으로서의 새로운 책임을 걸머지게 된 등장인물들은 대개 반항자로 묘사된다. 비겁한 자살과 역시 비겁한 신앙의 수용에 반발하는 이 새로운 낙관주의는 인간에게 육체적 죽음 위에 걸쳐진 팽팽한 철학적 외줄의 중심으로 돌아와 그 반항의 표시로 위태롭게 외줄타기를 시도해 보라고 제안한다. 죽음의 위협 위에서, 죽음과 대면한 이 형이상학적 외줄타기 곡예사는 '마치' 자신의 공연이 대단히 중요한 듯 연기한다. 분명 그 연기는 원대한 의미를 지니고 있지는 않다. 그리고 희망과 자살이란 양극단의 어느 한 쪽으로건 황급히 달려가기보다는, 결국은 떨어지게 될 것을 알면서도 한가운데에 머무르고 있는 것이다. 분명히 그의 삶, 모든 인간의 삶은 결국 중요하지 않다. 죽음은 확정적이다. 그러나 그는 광대처럼 팔을 뻗고 몸짓을 해가면서 새로운 연기, 새로운 여흥거리를 창조해낸다. 그는 새롭게 충만해진 자유 속에서 위태로운 자세를 개발해 연기를 재구성하고, 죽음과는 현저하게 대비되도록 기쁨과 우스꽝스러운 책임감을 발산한다.

'마치(as if)'란 면도날 위를 걷는다는 것은 인간이 동료 인간들에게 삶이 중요하다는 듯이 행동해야 한다는 의미이고, 간단히 말하면 부조리의 삶을 사는 것이다. 그러나 그는 인간이 의지할 대상은 인간뿐이란 사실을 깨달으면서 새로운 용기를 얻는다. 이제는 두려운 미신과 의심스러운 이론들 따위는 벗어던지고, 인간이 어떤 영원한 절대적 존재에 기꺼이 복종해야 한다고 여기는 신앙도 버릴 수 있게 된다. 인간은 자신 이외에는 실패에 대한 변명거리가 없다. 흔히 변명으로 내세우는 '신의 뜻' 같은 소리는 더 이상 온당하지 않다. 인간의 성공이나 실패는 자기 안에 존재하는 힘 혹은 그 힘의 부족 때문이다. 카뮈는, 인간이 너무도 자주 신에게 맡겨왔던 일을 이제는 직접 한 번 해보라고 요구하고 있는 것이다.

등장인물

뫼르소 *Meursault* 화자. 알제리인 회사원. 아랍인을 살해한 죄로 사형선고
　　를 받는다.

셀레스트 *Celeste* 뫼르소의 친구이며, 그가 늘 식사를 하는 식당의 주인.

양로원장 *Warden* 뫼르소의 어머니가 사망한 마렝고에 있는 양로원의 원장.

문지기 *Gatekeeper* 양로원에 맡겨진 인물이자 직원.

페레 *Perez* 양로원에서 뫼르소의 어머니와 친하게 지낸 남자친구.

마리 카르도나 *Marie Cardona* 뫼르소의 연인. 뫼르소의 사무실에서 타이
　　피스트 겸 속기사로 일한 적이 있다.

에마뉘엘 *Emmanuel* 뫼르소의 사무실 동료.

살라마노 *Salamano* 뫼르소와 같은 층에서 스패니얼 종의 괴상한 개와 함
　　께 사는 인물.

레이몽 생테스 *Raymond Sintes* 뫼르소와 같은 층에서 사는 인물로, 기둥서
　　방 노릇을 한다는 소문이 있다.

"기계처럼 정확한 이상한 여자" *"Robot-woman"* 어느 날 셀레스트의 식당
　　에서 뫼르소와 같은 테이블에 앉았던 식당 손님. 나중에 뫼르소가 재
　　판을 받을 때 방청객으로 참관한다.

마송 *Masson* 레이몽, 뫼르소, 마리가 살인 사건이 벌어진 날 방문하게 된 해변 별장의 소유주. 레이몽의 친구.

예심판사 *Examining Magistrate* 기소에 앞서 예비심문을 행한다.

Chapter별
정리
노트

제1부

Chapter 1

: 줄거리 및 풀어보기 어머니의 죽음

〈이방인〉은 대단히 짤막한 소설로 크게 두 부분으로 나뉜다. 제1부는 18일 동안의 이야기로, 장례식, 애정행각, 그리고 살인을 다룬다. 제2부는 대략 1년 정도에 걸쳐 일어난 이야기로, 제1부의 18일 동안 벌어진 사건들을 다양한 인물들의 기억과 시각을 통해 재현하는 재판 과정이다. 제1부는 살인을 저지르기 전까지는 눈에 띄지 않던 평범한 인물 뫼르소의 일상에 관한 소소한 이야기들로 채워져 있다. 제2부는 재판정에서 뫼르소의 범죄뿐만 아니라 그의 삶까지 재판하려는 시도가 이루어진다. 카뮈는 두 세계를 병치시키는데, 제1부는 주관적 현실에, 제2부는 보다 객관적이고 평면적인 현실에 초점을 맞춘다.

작품은 실존주의 문학에서 가장 자주 인용되는 두 문장으로 시작된다. "오늘 어머니가 세상을 떠나셨다. 아니 어쩌면 어제일 수도 있다. 잘 모르겠다." 이러한 무관심은 충격적이지만, 카뮈로서는 소설을 시작하는 뛰어난 방법이기도 하다. 아들이 어머니의 죽음에 대해 이토록 무관심할 수 있다는 것은 해운회사 직원인 뫼르소란 인물의 보잘것없고 단조로운 삶을 이해하는 중요한 열쇠가 된다. 그는 하루하루의 생활에 대해 그다지 생각을 많이 하지 않고 그냥저냥 살아간다. 이제 어머니가 세상을 떠났다. 그런데 어머니의 죽음이 그의 삶과 무슨 관계가 있단 말인가? 뫼르소에게 삶은 그렇게 중요하지 않고, 삶에 너무 많은 것을 요구하지 않으며, 죽음은 더더욱 중요하지 않다. 그는 그냥 존재한다는 사실에 만족한다. 그러나 소설이 종반부에 이르면, 그는 변해 있다. 자신의 '존재함'에 의문을 갖게 되고, 그것을 '삶'—자신을 위해 소유하고 요구할 수 있다는 깨달음을 지닌 삶—즉 삶 자체에 대한 열정에 견주어 따져보려고 드는 것이다.

오늘날 독자들은 뫼르소 같은 주인공답지 않은 주인공이 등장하는 작품을 항상 접하지만, 이 작품이 처음 발표되었을 당시의 독자들에게는 세상에서 가장 특이한 주인공이었다. 죽음의 시시콜콜한 면까지 일일이 참관하는 주인공과 대면하기 때문이다. 그런데 그 죽음이 언제든 겪을 수 있는 다른 누군가의 죽음이 아니다. 바로 그의 어머니다. 뫼르소의 어투는 이렇다. "그래, 어머니가 돌아가셨군." 바로 카뮈가 원했던 말투다. 그는 그 말이 던져주는 충격을 계산하고 있었다. 독자들이 대부분의 사람처럼 반응하지 않는 이 사내를 면밀히 살펴

봐주기를 원했던 것이다. 뫼르소는 어머니의 죽음을 아주 담담하게 받아들인다. 어머니를 증오해서가 아니다. 단지 어머니의 죽음에 무관심할 뿐이다. 어머니는 그가 사는 곳에서 20킬로미터쯤 떨어진 양로원에서 지냈다. 그에게는 두 사람이 살 만한 집의 집세와 식비를 감당할 돈이 없었고, 어머니는 어머니대로 많은 시간을 함께 보내줄 누군가가 필요했기 때문이다. 두 사람은 자주 만나지 않았다. 뫼르소의 말을 빌리면, '서로에게 별로 할 말이 없었다'.

카뮈는 사실상 우리에게 생각거리를 던져준 셈이다. 뫼르소는 굉장히 자유로운 인물이고, 죽음에 대해 교회, 소설, 영화, 문화적 관습을 통해 배운 방식대로 반응할 필요가 없다. 어머니는 그를 낳고 길러주었다. 이제 그는 성인이다. 더 이상

아이가 아니다. 부모가 계속 '부모'일 수 없게 된 것이다. 어린아이들 역시 어느 시점에 이르면 더 이상 어린아이가 아니다. 성인이 된 뫼르소도 예전처럼 어머니와 친밀한 관계일 수 없고, 결국 '서로에게 별반 할 말이 없어진' 시점에 이른다. 그리고 이제는 어머니를 책임지려고 하지 않아도 된다. 자신과 자신의 운명을 명확히 규정한 그는 어머니의 죽음을 애통해 하며 미친 듯이 슬픔을 표현하는 따위의 의식에 굴복할 수가 없다. 그는 반항적인 인물이 아니다. 단지 부담스러운 몸짓을 그만둔 것이다. 그는 자신의 감정을 과장하지 못한다.

뫼르소는 특별한 종류의 자유를 가졌고, 무의식적이긴 해도 한 가지 확고한 방침이 있었다. 비록 삶이 재미없고, 단조롭고, 평범하더라도 자기 방식대로 살아가겠다는 것. 그는 자신의 가치를 남들에게 증명해 보이려는 욕망이나 강렬한 야망도 없다. 대부분의 사람들에게 장례식은 심리적 외상과도 같지만, 뫼르소에게는 어머니 장례식에서의 밤샘이 검은 넥타이와 완장만 빌리면 될 정도로 의미가 없는 것이란 점에 주목하자. 단한 번만 쓰고 말 것에 왜 돈을 들여야 하는가? 게다가 장례식에 참석하러 양로원으로 가는 버스도 뛰어가서 타고는 졸기까지 한다. 양로원에서는 어머니의 바람이라며 교회 의식에 따라 장례식을 치르겠지만, 그가 느끼는 자유는 온전히 그의 것이고, 몸으로는 이런저런 일들을 하겠지만 마음속에 존재하지도 않는 감정은 표현할 수가 없다.

이렇게 우리는 어머니의 죽음에 대한 뫼르소의 반응을 보게 된다. 그렇다면 장례식이 끝난 후, 삶에 대한 그의 태도를 생각해 보자. 그는 삶을 즐긴다. 삶에 대한 열망을 지녔다고 할 수는 없지만 요란하지 않게 수영, 우정, 섹스 같은 단순한 육체적 쾌락을 긍정한다. 그가 영웅이 아니라 그저 해운회사 직원에 지나지 않는다는 점을 기억하자. 그리고 장례식을 위해 가는 도중, 밤샘, 그리고 장례식이 거행되는 동안에도 그의 반응은 마음에서 우러난 것이 아니라 그냥 몸만 움직이는 것이었다는 점을 주목하자. 예를 들어, 영안실에서는 어머니의 시신을 보려고 하지 않는다. 그는 밝고 깨끗하게 회칠이 된 벽들 위쪽으로 천창(天窓)이 나 있다는 사실부터 알아차린다. 영안실 문지기가 자리를 비운 후에도 뫼르소는 관에 주의를 기울이지 않고, '점점 낮아지면서 온 방을 상쾌하고 부드럽고 아름다운 빛으로 넘쳐나게 만드는' 태양에 반응한다.

장례행렬에서도 뫼르소는 어머니의 사후세계에 대해서는 관심이 없다. 그녀는 죽었고, 자신은 살아 있으며, 땀이 흐르는 데다 덥고, 장례식에서 해야 할 일을 할 뿐이지만, 그 모두가 육체적인 행동일 뿐이다. 그는 '불타오르는 듯한 오후의 태양', '햇볕에 흠뻑 담가둔 것 같은 시골 풍경… 눈부심', '가물거리는 열기'를 경험하며, '이글거리는 빛으로 눈이 부셔 거의 앞이 보이지 않을 지경'이다. 뫼르소는 이것이 고통스럽지, 종교적 고뇌나 상실감으로 괴로운 것이 아니다. 카뮈는 독자들에게 죽음과 삶에 대한 뫼르소의 반응을 보여주는 것 외에, 제1부의 절정, 즉 뫼르소의 아랍인 살해를 맞게 하기 위한 준비를 시킨다. 다시 한 번, 태양은 이글거리며 눈부신 빛을 발산해 앞이 보이지 않도록 만들 것이다. 실제로 뫼르소가 법정에서 왜 아랍인을 쏘았는지에 대한 변론 가운데 하나는 '태양 때문'이다.

장례식과 강렬한 태양빛에 대한 뫼르소의 반응과 대비되는 인물은 토마 페레이다. 페레 영감은 뫼르소 어머니의 친구였다. 그들 사이에는 일종의 로맨스 같은 것도 존재했다. 그는 태울 듯 내리쬐는 햇볕 속을 절룩거리며, 때로는 멀리 뒤처졌다가 장례행렬에 다시 합류하기 위해 지름길을 이용하기도 하면서 따라온다. 장지에서 그는 정신을 잃는다.

이러한 사실들을 카뮈가 아닌 뫼르소가 말한다. 그의 서술은 있는 그대로의 사실을 객관적으로 마치 흑백사진처럼 보여준다. 페레 영감의 주름투성이 얼굴과 두 눈에서 흘러내리는 눈물, 성당, 길 위에 서 있던 마을 사람들, 관 위로 떨어지던 붉은 흙 등. 그리고 알제로 돌아가서 침대에 누워 열두 시간 정도 잠이나 잤으면 하는 생각에 기쁨 같은 것이 느껴졌었다고 회상한다.

　　우리는 뫼르소를 비난할 수 있을까? 그는 눈물을 흘렸어야 하는가? 그는 몸을 던져 어머니의 관을 부둥켜안고 몸부림이라도 쳤어야 하는가? 아니면, 우리는 그의 정직함을 인정해야 하는가? 제2부에서 배심원단이 유죄 평결을 내린 이유는 아랍인을 살해해서가 아니라, 어머니의 장례식에서 울 수 없었고, 울지도 않았다는 점 때문이다. 우리 역시 그를 비난해야 할까? 카뮈는 아니라고 말한다. 인간은 자신의 생각과 가치에 대해 확고한 태도를 가져야 하며, 타인들이 내리는 어떤 가치 판단에도 구속되어서는 안 된다고 한다. 언젠가는 불멸의 인간이 된다는 신화를 품고 살아가는 반인이 되기보다는, 죽을 운명인 육신을 지닌 인간이 되는 것이 중요하다.

　　뫼르소의 철학은 그 특이한 본질에도 불구하고 대단히 긍정적이다. 그는 환상을 지니고는 살지 못하며, 자신에게 거짓말을 하지 않고, 지금 여기의 삶을 신화적인 그때의 삶보다 더 중요하게 생각한다. 카뮈는, 우리가 내세에 대한 환상이 없는 삶의 가치를 알게 되었다면, 부조리의 세계를 탐험하기 시작한 것이라고 한다. 결국 가치는 교회가 아니라 스스로 규정해야 한다는 것이다. 사회가 적절한 예법이라고 말한다고 해서 감정을 꾸민다는 것은 어불성설이다. 삶은 어느 날 갑자기 끝나버릴 때까지만 지속될 뿐이다. 카뮈는 우리에게 자문하도록 만든다. 나는 왜 내가 계획하지도 않은 삶을 살아야 하는가? 우주의 나이는 얼마나 되었고, 지구상에서 죽음을 맞이하는 무수한 사람들, 그리고 여전히 지구에서 살아가고 있는 무수한 사람들 가운데 과연 나는 누구인가? 나를 염려해 주는 구세주는 없다. 빙글빙글 돌아가는 우주는 이질적 존재이자 어느 누구에 대해서도 주의 따위를 기울이지 않는다. 오로지 나만이 나의 의미를 결정하는 노력을 할 수 있다. 죽음은 항상 곁에 있는 것이고, 그 후에는 아무것도 존재하지 않는다. 이것들은 모두 작품이 끝나갈 무렵, 뫼르소가 곰곰이 생각해 보게 될 의문점이자 쟁점들이다. 뫼르소는 부조리의 인간이 되어 있을 것이며, 카뮈는 1장에서 이러한 철학의 발생을 우리에게 보여준 것이다. 우리는 서서히 이 변변치 않은 해운회사 직원이 얄궂게도 죽음과 마주하면서, 어떻게 변하고, 어떻게 삶의 중요성에 대해 어마어마한 통찰을 얻고, 그 삶을 열정적으로 즐기는 방식을 깨닫는지 보게 될 것이다.

Chapter 2

불쾌한 일요일

　　죽음에 대한 뫼르소의 자세를 보여준 카뮈는 하루 동안 그가 삶에 어떻게 반응하는지를 밝힌다. 잠을 깬 뫼르소는 장례식이 얼마나 피곤한 일인지를 깨닫는다. 그래, 수영이나 하러 가자. 뫼르소는 어머니, 어머니 생전의 모습, 미소, 어머니 눈에 나타났던 감정, 여러 해 전 어머니와 나눴던 대화, 어머니와 보낸 어린 시절―혹은 어머니의 영원한 부재―에 대해서 조차 음미해 보려는 생각이 없다. 당장은 그저 수영이나 했으면 좋겠다.

　　해수욕장에서 잠시 마음에 두었던 옛 동료 마리를 우연히 만난다. 두 사람은 그날 저녁 함께 영화구경을 가는데, 그것도 하필 코미디물이다. 이어 두 사람은 집으로 돌아와 관계를 갖는다.

　　우리는 뫼르소가 어머니의 죽음을 아무렇지도 않게 받아들이는 모습을 보았다. 그런 그가 우연히 만난 옛 동료와 즐거운 시간을 갖는다. 마리는 뫼르소에게 검은 넥타이에 대해 물어보았기 때문에 그의 어머니가 돌아가신 지 얼마 되지 않았다는 사실을 알게 되지만 별반 개의치 않는다. 그가 '어제 돌아가셨다'고 말하는 대목에도 주목하자. 어머니의 죽음을 대수롭지 않게 여기는 그는 돌아가신 날과 장례식 날을 혼동하기도 한다. 오늘은 토요일이다. 뫼르소의 어머니는 아마 수요일이나 목요일에 세상을 떠났을 것이고, 매장된 것은 '어제'다.

다음날 아침, 뫼르소가 잠에서 깨어난다. 일요일이란 생각이 들자 기분이 좋지 않다. 일요일마다 그렇듯 아주 흥미롭거나 특별한 일도 없다. 그는 마리가 돌아가고 없다는 사실에 실망하지 않고, 마리와의 섹스가 만족스러웠는지 어쨌는지에 대해서도 말하지 않는다. 그러나 마리의 머리카락에 묻어 있던 소금기 냄새에는 반응을 보인다. 그는 다시 잠이 들었다가 깨어나서는 한낮이 될 때까지 담배를 피우며 침대에 누워 있었다.

어머니의 장례식에 가려고 탄 버스에서 뫼르소가 졸려 거의 눈을 뜰 수 없을 정도였다는 사실을 기억하자. 사실, 그는 한동안 깜빡 잠들었을 것이라고 생각한다. 그는 한 마리의 동물처럼 살아간다. 졸리면 잤을 것이다. 그리고 밤샘이란 시련의 시간과 장례식이 진행되는 동안에도 졸았던 것에 대해 잠시 죄의식을 느꼈던 부분에 대해서도 기억을 되살리자. 그러나 오늘은 침대에서 담배를 피우는 것이 좋기 때문에 그대로 누워 있다.

잠자리에서 일어나 무엇을 해야 할지 모른 채 집안을

어정거리던 그는 헌 신문지를 주워들고 읽다가 화장품 광고 하나를 오려내 재미있는 것들을 모아두는 스크랩북에 붙인다. 그런 다음 발코니로 나간다. 일요일만 되면 불쾌하고 편치가 않다. 일요일은 계획된 것이 없는 날이다. 평일은 단조롭기는 해도, 일정 시간이 되면 일정한 일을 하도록 계획이 있다. 토요일은 즐기기 위한 날이다. 그러고는 전혀 계획된 것이 없는 일요일이 온다.

카뮈가 이러한 기계적인 일상을 묘사하는 데에는 중요한 목적이 있다. 그는 〈시시포스의 신화〉에서 이러한 단조로움―'기상, 전차 출근, 사무실이나 공장에서 오전 네 시간 근무…'―을 발견하고 혐오하는 것은 부조리를 이해하는 데 절대적으로 필요하다고 말한다. 뫼르소는 아직 이러한 발견을 하지 못했지만, 천성적으로 내면을 성찰하는 인간이 아니고, 작은 즐거움―섹스, 수영, 편안한 수면, 흡연―을 좋아한다. 그는 결국 그의 삶에서 기계적으로 반복되는 무의미한 일상을 발견하게 되겠지만, 소설의 끝 무렵에나 가능해진다. 지금 카뮈는, '기상, 전차 출근, 사무실이나 공장에서 오전 네 시간 근무…' 등의 틀에 박힌 일상이 없는 날이면 뫼르소가 불안해 한다는 사실을 독자들에게 보여주려는 것이다.

발코니로 걸어 나간 뫼르소의 눈에 그 아래서 움직이고 있는 사람들의 모습이 들어온다. 그들에게는 일요일에도 틀에 박힌 일상이 존재하는 것처럼 보인다. 젊은이들은 영화구경을

가고, 카페에서는 웨이터가 텅 빈 가게 안을 쓸고, 담배장수는 포장도로 위에 의자를 내놓고 있으며, 텅 빈 전차들이 오간다. 숱한 일요일마다 반복되는 일들이다. 뫼르소는 오후 내내 그런 것을 지켜보고, 담배를 피우고, 저녁이 오는 것을 지켜보고, 빵과 젤리를 사가지고 와서 요기를 한다. 그는 '힘들게 또 한 번의 일요일을 넘겼다…'고 말한다. 한 마디로, 무척 지루한 것이다. 내일은 다시 일을 해야 한다. 그러니 결국 달라진 것은 아무것도 없다.

이 장의 어투는 다시 한 번 무관심이 주조를 이룬다. 예외적으로 오늘은 뫼르소가 침대에 누워 담배를 피우고, 옆에 놓인 베개 위에 마리의 머리칼이 남긴 소금기 냄새를 맡으며 좋아했다. 하지만 그가 그날 오후를 어떻게 지각하고 있는지 묘사하는 부분을 다시 한 번 읽어보자. 비록 수동적이긴 해도 그는 가로등 불빛이 '환하게 빛나는 작은 웅덩이'처럼 길바닥을 비추고, 전차의 불빛이 빛나면서 '어떤 젊은 여자의 머리카락, 미소, 혹은 은팔찌 위를 비추는' 것을 의식한다. 하늘은 '부드러운 검정색'으로 변한다. 이러한 자극에 대한 반응의 편린들은 거의 알아채지 못하고 지나갈 수도 있는 것들이다. 뫼르소는 아주 기본적인 쾌락을 즐기고, 어머니의 죽음이나 마리와의 섹스에 대한 수동적인 반응과 '아무것도 변한 것은 없다'는 생각을 갖고 있음에도 불구하고 내면에는 시적 지각력도 지니고 있다.

그러나 뫼르소는 이렇게 지나간 일요일에 어떤 의미를 부여할까? 그는 잠을 자고, 담배를 피웠으며, 발코니에 나가 앉아 있었고, 주변을 관찰했다. 그것도 혼자서. 그는 인생이 낭비되었다거나 지루하다거나 혹은 외롭다거나 하는 등의 일로 깊은 상처를 받지 않는다. 오히려 그런 것과는 대조적으로, 색깔, 하늘, 공기의 느낌 같은 것들을 앉아서 지켜보며 사소한 정도이기는 해도 기뻐할 줄 아는 능력을 가졌다. 뫼르소는 일반적인 작품의 주인공 같지가 않고, 이처럼 '앉아서 아무 짓도 하지 않는 것'이 제2부에 가면 그를 비난하는 데 이용된다. 그러나 이것이야말로 그에게는 가장 중요한 것이기 때문에, 우리는 여전히 현재 상황을 다뤄야만 한다. 그가 오늘 특별히 뭔가 즐거운 일을 한 것이 있는가? 그가 이날을 어떤 식으로건

의미가 있고 사소하더라도 기억할 만한 것으로 만들려고 하기는 했는가? 그렇지 않다. 전과 다름없는 또 다른 일요일일 뿐이었고, 그것을 '힘들게… 넘겼던' 것이다. 그의 말처럼, "모든 것은 내게 마찬가지일 뿐이다. 달라진 것이라곤 전혀 없다." 삶, 죽음. 그는 똑같이 편안한 무관심으로 그것들과 대면한다. 어머니의 죽음이 무의미했던 것과 마찬가지로, 몇 가지 관능적 쾌락과 자신이 원하는 방식대로 살아가고 있다는 사실을 제외하면, 그의 삶 역시 아무런 의미가 없는 것이다. 뫼르소는 인생이 의미를 갖도록 만들 수 있고, 인생이 강렬함을 지닐 수 있다는 사실을 아직 깨닫지 못한다. 그러나 그것을 깨달으려면 이 단조롭고 무의미한 틀에 박힌 일상과 대면해야 하고, 자유로워지기 위해 허비하는 하루하루, 심지어 일요일들조차 혐오해야 한다. 이러한 깨달음이 생겨나면, 표류하는 삶의 순환을 산산이 부술 것이다. 카뮈가 삶의 공허한 움직임을 경험하는 뫼르소의 모습을 먼저 보여주는 이유는 독자들이 주인공의 시각에서 삶에 무엇을 담을 수 있을지, 그 가능성을 깨닫고 자각하도록 만들기 위해서다.

Chapter 3

충동에 몸을 맡기는 뫼르소

카뮈는 독자를 뫼르소의 근무일 가운데 하루로 데리고 간다. 월요일. 뫼르소 어머니의 나이에 대한 이야기가 오간다. 그는 어머니 나이를 묻는 질문에 대답할 도리가 없다. 그에게는 전혀 중요해 보이지 않는 문제였던 것이다. 그렇다고 그를 허무주의자나 냉소주의자로 낙인찍지는 말자. 그는 어머니의 나이에 무관심하고, 어쩌면 모를 수도 있다. 그리고 알지도 못하면서 '한 예순 정도 되었을 것'이라고 대답한 그는 사장이 한시름 덜었다는 표정을 짓는 이유를 이해하지 못한다. 더욱이 왜 그런 질문을 했을까, 하는 것이 수수께끼다. 쉰이라고 대답할 수도 있었던 문제로, 그랬더라면 "정말 안된 일일세. 한참 연세이신데"라는 말을, 그리고 여든 정도였다고 했더라면 "이런, 그만하면 장수하신 걸세"라는 말을 듣게 되었을지 모른다. 뫼르소에게 어머니 나이는 '지엽적인 것에 불과'하다.

여기서 카뮈는 뫼르소가 어머니 나이를 모르고 있었던 사실에 깊은 죄책감을 느끼고 괴로워하기는커녕 짜증스럽게 생각하는 것을 보여준다. 그리고 그와는 대조적으로, 그는 직

장에서 정오가 되면 손을 씻으며 행복해 한다. 하지만 저녁에는 손 씻기를 그리 달가워하지 않는다. 그 무렵쯤이면 회전타월이 축축하게 젖어 있기 때문. 그는 이렇게 사소한 것을 중요하게 생각한다. 실제로 눅눅한 타월 문제를 개선하자고 건의했지만 사장은 하찮은 일로 치부해 버렸다. 뫼르소에게는 어머니의 나이가 그런 '하찮은 일'일 뿐이다.

　　뫼르소는 동료 에마뉘엘과 함께 점심을 먹으러 사무실을 나와 잠시 바다를 바라본다. 뫼르소에게 바다는 언제나 매혹적이다. '살갗을 태울 듯한 뜨거운' 태양을 한동안 견디고 있던 그들은 달려오는 소방차에 미친 듯이 올라탄다. 뭔가 황당하고 갑작스러운 짓을 감행하려는 어린아이 같은 본능에 따라 작은 목표를 달성한 그들은 숨을 헐떡이며 뿌듯해 한다. 어느 누가 그 더운 오후의 태양 아래서 그렇게 뛰어 달리는 소방차에 올라타겠는가? 아마도 뫼르소와 에마뉘엘밖에는 없을 것이다. 이것은 뫼르소가 지닌 또 다른 특이함이다. 해운회사 직원이란 직업은 따분할 수도 있지만, 그는 무의식적으로 생각 없이 몸을 움직이고 만족스러운 뭔가를 하고 있다.

　　낮잠을 좀 자고 담배를 한 대 피운 뫼르소는 그 '숨막히는' 사무실에서 오후의 나머지 시간을 견뎌내고는, 한층 더 만족스럽게 선선한 저녁 공기를 느끼면서 느릿느릿 걸어 집으로 돌아온다. 다시 한 번, 카뮈는 뫼르소, 뫼르소와 마리의 관계, 뫼르소와 어머니의 관계에 대한 내면적 분석보다는 그의 신체적 반응에 초점을 맞춘다.

　　뫼르소가 아파트에 도착하는 장면에서 한 가닥 냉소적 유머가 끼어든다. 역시 틀에 박힌 삶을 살아가는 뫼르소의 이웃인 살라마노 영감과 그의 개를 등장시킨 것. 그러나 고독한 뫼르소의 삶과는 달리, 노인은 개와 결혼한 것이나 다름없는 애증 관계 속에서 살아간다. 뫼르소는 그들이 서로 닮았으며(털도 다 빠지고, 피부병으로 딱지가 앉았고, 허리는 굽은), 무엇보다도 서로를 심하게 혐오하는 듯 보인다고 말한다.

　　이렇게 함께 살아오는 틀에 박힌 삶은 8년이나 계속되었고, 영감은 개를 규칙적으로 산책시키고, 규칙적으로 두들

겨 팬다. 뫼르소에게 이것은 특별히 중요한 일이 아니다. 그들은 그저 이웃에 사는 흥미로운 한 쌍에 지나지 않을 뿐이다. 뫼르소와 친분이 있는 레이몽 생테스는 살라마노 영감이 그 개를 좋아하고, 증오하고, 때리면서 8년 동안이나 함께 지내왔다는 사실을 혐오한다. 그러나 뫼르소 생각은 다르다. 살라마노와 그 개는 그런 식으로 사는 쪽을 택한 것이다. 그게 아니라면, 개는 도망쳤을 것 아닌가. 어쨌건, 8년이나 지속된 상황을 많이 걱정하거나 문제를 해결하려 든다는 것은 우스꽝스러운 짓이다.

자신이 어떤 사람인지 알지도 못하고 개의치도 않는 반항자 뫼르소는 이웃 사람들이 싫어하는 기둥서방 레이몽 생테스와 대화를 나누거나 그의 이야기 듣는 것을 즐긴다. 레이몽은 직업이 뭐냐는 질문을 받게 되면, 창고지기라고 말한다. 그의 거짓말, 혹은 기둥서방질 따위는 뫼르소에게는 도대체 상관이 없는 일이다. 레이몽은 뫼르소를 좋아한다. 일상적인 우정을 유지할 이유로 그 이상 무엇이 필요한가.

뫼르소와 달리 레이몽은 폭력적이다. 독자는 레이몽이 쌓인 분노를 분출하기 위해 벽이라도 치려고 주먹을 움켜쥔 채로 방 안을 서성이는 모습을 보게 될 지경에 이르지만, 뫼르소는 그런 저녁에도 차분히 앉아 그의 장광설을 건성으로 들어 넘기면서 와인 맛이나 음미한다. 뫼르소는 그 방 안에 있는 것 같지만, 없기도 한 것이다. 한 사람의 관찰자(예를 들면, 그

가 일을 끝내고 집으로 퇴근하면서 하늘이 '초록색'임을 알아
채며, 살라마노의 개에게 생긴 딱지 색깔에도 신경을 쓴다는
점에 주목하라.)이자, 레이몽의 격렬한 성격을 전혀 개의치 않
는 국외자인 셈. 반면, 레이몽은 자기 성질이 좀 급해 화나게
만든 자와 싸웠을 뿐이라며 덧붙인다. "내가 실컷 발길질을
해대고 났을 때, 녀석은 돼지처럼 피를 흘리고 있었지." 그는
이웃으로부터 좀 따돌림을 받을 뿐 아니라 친구도 많지 않은
것 같다. 이렇게 그는 그저 이런저런 조언을 받고자 하는 평범
한 친구로서 뫼르소에게 다가오며, 자기를 도와주면 '평생토
록' 친구가 되겠다고 말한다. 당연히 뫼르소는 별반 반응이 없
고, 이 친구를 돕는 데 전혀 이의가 없으며, 이미 저녁과 술을
한잔 한다는 약속까지 해놓은 상태다.

　　저녁식사가 시작되자마자 애인에게 복수하겠다는 레이
몽의 욕구가 드러난다. 얻어맞고 바닥에 쓰러진 사람에게 계
속 발길질을 해댔던 그 남자와 마찬가지로, 레이몽은 그 여자
에게 더 벌을 주고 싶다고 말한다. 그는 이따금씩 그 여자를 '피
가 흐를' 때까지 때렸지만, '다정스럽게 건드리는 정도'였을
뿐이라고 덧붙인다.

　　레이몽이 폭력적이라고 말하는 것은 오히려 절제된 표
현이다. 그는 새디스트이다. 정부가 다른 남자와 잤기 때문에
그 여자가 창녀로 경찰에 잡혀가도록 하고 싶어하고, 그 여자
에 대해 나쁜 소문이 돌게 하려는 생각을 하고 있다. 다시 한

번, 뫼르소는 '아무런 의견도 갖고 있지 않다'고 말했다. 그러나 이어서 그 이야기가 흥미롭다고 덧붙인다.

뫼르소는 판단을 내리지 않는다. 그녀의 곤경에 대해 강하게 긍정적이거나 부정적인 반응을 보이지 않는 것이다. "어떻게 해야 할지 전혀 모르겠다." 와인을 좀더 마시면서 뫼르소가 한 말이다. 그리고 함께 와인을 더 마시면서 뫼르소는 그녀가 부정을 회개하도록 만들 편지를 대필해 주기로 응하고, 레이몽은 그녀가 육욕을 일으킬 만한 내용을 섞어 편지를 써서 보낸 다음 마음이 동해 찾아오면 잠자리를 가졌다가 끝나갈 무렵에 얼굴에 침을 뱉어주고 방에서 내쫓겠다고 말한다. 뫼르소는 그 계획이 그녀를 벌하는 것이 되겠다고 동의하지만, 편지를 써주는 주된 이유는 레이몽을 만족시키기 위해서다. 뫼르소는 어느 쪽이건 전혀 상관없기 때문에 편의를 봐주지 못할 이유가 전혀 없는 것이다.

뫼르소에게 이런 행동은 단순히 의례적인 의사표시에 불과하다. 편지를 써준다고 해서 문제가 될 것도 없고, 술과 안주, 담배까지 후하게 대접받지 않았는가. 이 장이 끝나가면서 우리는 전혀 다른 두 사람, 분노와 복수심으로 가득 찬 사람과 사적인 악의는 없으면서도 '진짜 불쾌한' 편지를 대필해 주는 사람을 보게 된다.

이 시점에서 독자들은 왜 뫼르소가 그녀에게는 불쾌한 편지를 대필해 주는지 자문할지 모른다. 우리가 기억해야 할 것은, 레이몽이 그의 친한 친구도 아니고, 그 편지가 복수를 위한 것이란 점이다. 평소에는 진실된 뫼르소답지 않은 행동이다. 그는 지금 어떤 여자에게 굴욕감을 주려는 목적으로 사용될 편지를 날조하고 있다. 여기서 우리는 뫼르소가 아주 정직한 사람이 아니란 사실을 깨닫게 된다. 이 경우의 무관심은 바로 진실에 대한 무관심이다. 레이몽이 '그 여자의 육욕을 건드리게 될' 편지를 써달라고 청하기 때문이다. 뫼르소는 와인을 좀더 마시면서 사실을 기술하지 않고 격한 감정을 일으키게 만들 편지를 쓴다. 그렇다면 왜일까? 그는 그것을 단순하게 생각하는 것 같지만, 레이몽에게는 엄청난 일을 이루게 도와준 것이 된다. 그리고 실제로도 그 일은 엄청난 결과를 파생시킨다. 만약 뫼르소가 그 편지를 쓰지 않았더라면, 나중에 레이몽의 문제에 휘말리지도 않았을 것이고, 아랍인을 쏘지도 않았을 것이며, 단두대에 오르는 일도 없었을 것이기 때문이다.

　이 장은 시적으로 끝을 맺고 있는데, 말을 하는 쪽이 카뮈인지 뫼르소인지 확실하지 않다. 왜냐하면 뫼르소가 집 안은 '잠에 갇혀 있었고' 살라마노 영감의 개가 끙끙거리는 소리는 '고요함과 어둠 속에서 자라나는 꽃처럼' 천천히 피어나고 있다고 묘사하기 때문이다. 뫼르소의 내면에 존재하는 대단히 시적인 감수성이 발현되는 드문 순간을 마주하는 셈인데, 그렇다면 그는 우리가 보아왔던 것보다 훨씬 더 지적이고 감수성이 풍부한 인물일지도 모른다. 그러나 이 문장이 사실상, 자주 대부분의 일을 '아무래도 좋다'고 말하는 사람에게서 나왔다는 사실이 놀랍기도 하다. 비록 밤의 신음소리가 나중 열매를 맺게 되는 꽃의 아름다움에 비유되고 있기는 해도, 카뮈는 뫼르소의 불행이 시작되고 있다는 사실을 역설적으로 나타내고자 한 것이 분명하다.

Chapter 4

: 줄거리 및 풀어보기 솔직함, 그리고 무관심

근무일들이 다 지나고 다시 일요일. 바쁜 한 주였으며, 대필해 준 편지는 발송되었고, 에마뉴엘과 두 편의 영화를 보았다. 스크린에서 벌어지는 사건을 뫼르소가 일일이 설명을 해주어야 했던 것을 보면 에마뉴엘은 그다지 똑똑한 것 같지 않다. 3장에서 소방차에 올라타자고 제안했던 것도 에마뉴엘이었음을 기억하자. 순전히 재미로 한 일이라지만 상당히 무모하고 충동적인 행동이었다. 그러나 뫼르소는 영화를 보는 내내 에마뉴엘에게 설명을 해줘야 했던 것을 불평하지 않는다. 마찬가지로, 달려오는 소방차에 올라타는 것이 얼마나 위험한 짓인지에 대해서도 생각하지 않았다. 트럭을 향해 뛰는 몸의 움직임과 영화를 따라가면서 분석해 주는 조용하고 단조로운 일 모두, 자기가 좋아서 한 일이었다.

뫼르소는 전날인 토요일을 떠올린다. 첫 번째 이유는 마리의 관능미 때문이다. 그녀가 입고 있던 밝은 색 드레스, 가죽 샌들, 젖가슴, 햇볕에 그을린 얼굴은 한 송이의 '부드러운 갈색 꽃'을 연상시켰다. 그들은 버스를 타고 바닷가로 갔다.

그는 함께 파도의 거품을 빨아들였다가 하늘을 향해 뱉던 놀이를 하면서 성욕을 느낀다. 다른 여러 상황에서처럼 무관심한 뫼르소의 모습이 아니다. 이 세상과 진정으로 영적인 친밀감을 지닌 인간인 것이다. 그는 마리와 함께한 놀이를 묘사하고 있지만, 그에게는 엄청난 가치를 지닌 것이다. 어떤 면에서 마리와 바다는 둘 다 그에게 섹스 상대다. 그러나 바닷물이 너무 짜다고 느끼는 순간 그는 더 이상 그 놀이를 즐기지 않는다. 마리가 키스를 해주었다. 그들은 버스를 타고 집으로 돌아가 섹스를 하고, 열어놓은 창문으로 불어오는 서늘한 공기가 햇볕에 그을린 그들의 몸에 닿는 것을 느끼며 상쾌해 한다. 이처럼 자극적인 순간들은 뫼르소에게 흔히 있는 것은 아니지만, 그에게는 대단히 원시적이고 개인적인 가치를 지니는 것이자 독자에게 그를 이해할 수 있게 만들어주는 부분이기도 하다.

　　나중에 마리가 사랑하느냐고 묻자, 뫼르소는 그런 것 같지 않다고 정직하게 대답하고, '그런 질문은 쓸데없는 것'이라고 말한다. 뫼르소는 바다, 태양, 파도, 키스, 섹스 같은 것들은 느낄 수가 있지만, 사랑이란 너무 추상적이고 모호하고 생각할 것이 너무나 많다. 마리가 웃으면 뫼르소는 키스를 하고 싶어한다. 자신이 이해하고 기쁨을 느낄 수 있는 것이니까. 그러나 사랑은 영속성을 갖는 것으로 정의된 한 마디 낱말에 지나지 않고, 남발된 단어다. 뫼르소는 자연발생적인 기쁨의 순간을 제외하고는 누구에게도 영구적으로 얽매이지 않는다.

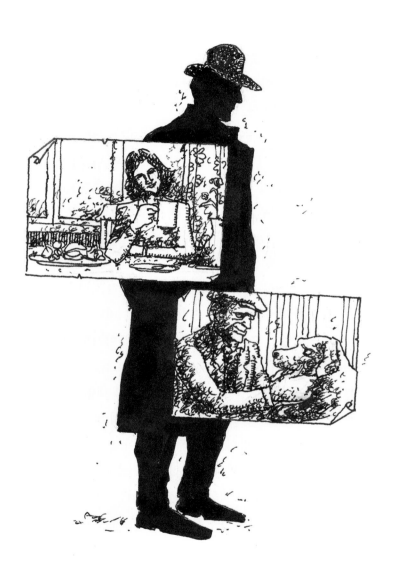

사랑과 섹스에 집중된 장면에 이어 카뮈는 레이몽과 정부 사이에서 벌어지는 격렬한 싸움 장면을 나란히 놓는다. 싸움이 소란스러워 곧 층계참에 구경꾼들이 모인다. 그녀가 마구 얻어맞는 광경을 지켜보는 마리의 반응은 대개의 목격자들과 별반 다르지 않다. 끔찍한 일이라며, 뫼르소에게 경찰관을 불러오라고 하는 것이다. 뫼르소는 평소에 보이던 성격에 걸맞게 경찰관을 부르러 가지 않겠다고 말한다. 경찰관이 싫기 때문이다. 그는 그 여자가 실컷 두들겨 맞건 말건 상관하지 않는다. 더욱이, 이 싸움을 일어나게 만든 편지를 썼던 장본인이 아닌가. 그녀의 운명이 어찌되건 그에게는 전혀 관심 밖이다. 중요한 사실은 자기가 경찰관을 싫어한다는 것뿐. 그 여자가 아랍인이란 사실에 주목하라. 뫼르소와 레이몽과 마리는 프랑스인이고, 그 여자와 경찰관은 토착민이다. 프랑스인인 자기가 아랍 여자와 벌이는 격렬한 사랑싸움에 휘말릴 이유가 어디 있는가?

그 싸움을 가라앉히기 위해 출동한 경찰관은 레이몽에게 상당히 감정적으로 대처한다. 레이몽의 따귀를 한 대 후려갈긴 경찰관이 똑바로 서 있지도 못할 정도로 취했다고 비난하자, 레이몽은 그냥 떨고 있는 것이지 취한 것이 아니라고 부인한다. 그는 너무나 화가 나서 거의 미치광이처럼 펄펄 뛰고 있다. 사실, 그는 통제되지 않는 충동과 성깔을 지닌 인물이다.

이 싸움 뒤에 짤막하지만 속 보이는 장면이 이어진다.

마리는 식욕을 잃을 정도로 기분이 상해 있는데, 뫼르소는 점심을 거의 다 먹어치운다. 그에 앞서, 경찰관에게 자신이 떨고 있는 것은 '자연스러운 일일 뿐'이라고 했던 레이몽의 말이 사실로 밝혀진다. 뫼르소의 식욕은 싸움의 결말을 막 목격하고 난 후에도 전혀 변하지 않는다. 이런 싸움도, 마리가 식욕을 잃은 것도 그는 언짢지 않다. 뫼르소는 이런 행동과 태도에 대해 레이몽처럼 '자연스러운 일일 뿐'이라고 말할지도 모른다.

두어 시간 후, 그 싸움 이야기를 꺼낸 레이몽은 경찰관이 따귀를 때려 담배가 떨어졌을 때, 대들기를 기대했느냐고 묻는다. 뫼르소는 "아무것도 기대하지 않았다고 했고, 어쨌거나 나는 경찰관을 싫어한다고 말했다." 뫼르소다운 대답이지만 레이몽은 만족한 듯한 눈치였다. 레이몽은 함께 나가자고 청하고, 이어 자신의 증인이 되어달라고 부탁한다.

뫼르소의 대답은 레이몽이 두 사람이 친구가 될 수 있을까, 하고 제안했을 때와 똑같이 '반대하지 않는다'였다. 그는 레이몽이 어떤 대답을 기대하는지도 모른다. 그는 사회적인 의미에서 '계획에 따르는' 인간이 아니다. 주어진 상황에서 나타날 수 있는 다양한 결과를 머릿속에 그려보거나 심사숙고하지 않는 것이다.

레이몽은 뫼르소의 대답에 만족하는 것이 분명하다. 그는 자기 쪽 증인을 확보한 셈이다. 그는 정부를 응징한 것이 잘한 일이었다고 느끼고 있으며, 뫼르소는 그녀가 먼저 잘못을 해서 매를 벌었다고 증언해 주면 된다고 했다. 레이몽은 그날 저녁 뫼르소와의 당구 시합에서도 이겨 한층 더 기분이 좋아진다. 돌아오는 길에 문간에서 만난 살라마노 영감이 그들에게 장터에서 개를 잃어버렸다고 말한다. 뫼르소는 혹시 개 보호소에 있을지 모르니 돈을 내고 찾으면 된다고 말해 준다. 레이몽은 개가 개 보호소에서 죽게 된다 하더라도 영감이 싫어하던 개에게 돈을 들이지는 않을 것이라며 껄껄거리고 웃는다.

나중에 벽을 통해 살라마노 영감이 서성이며 한숨을 쉬고 훌쩍거리는 소리까지 어렴풋이 들리자, 멍한 중립 상태와도 같은 뫼르소의 성격에 틈새가 나타난다. 그는 왠지 모르게 어머니 생각이 났고, 식욕이 없어 저녁도 거르고 잠자리에 든다. 이것이 우리가 알고 있는 전부다. 그는 그 이상은 말하지 않는다. 소설의 시작 부분에서 뫼르소가 받았던 스타카토 식 전보문처럼, 우리는 더 이상 알 수 없는 부분에 대한 상실감 같은 것을 느끼게 된다. 그러나 카뮈의 소설은 뫼르소의 느낌을 있는 그대로 전달해야 하는 신문기사나 모든 것을 다 드러내 보여주는 고백이 아니다. 그보다는 흑백 스냅사진이 꽂혀 있는 앨범에 더 가깝다.

Chapter 5

줄거리 및 풀어보기 결혼, 그리고 전근

대부분의 여느 일요일들과는 좀 색다른 일요일을 보낸 뫼르소는 또 한 주일의 일을 시작한다. 생계를 꾸려가기 위해 대부분의 사람들과 마찬가지로 로봇처럼 행동해야 하는 단조로운 한 주다. 바로 그러한 단조로움을 카뮈는 경멸한다. 그것이 인간의 영혼을 도취시키고 질식시키기 때문이다. 뫼르소는 '훌륭한 직원'이라고 부를 만하다. 레이몽이 사적인 문제로 전화를 걸어오자 난처해 하며 중간에 끊으려고 하는 것이다. 사장이 사적인 통화를 싫어한다는 것을 알기 때문이다. 뫼르소는 사장과 문제를 일으키고 싶지 않다. 그는 해변에서처럼, 달려가서 소방차에 올라탔을 때처럼, 아니면 퇴근해서 한가하게 집으로 걸어가고 있을 때처럼 자유롭지 못하다. 회사 일은 지루할 수도 있지만 해야 하는 일이고, 사무실에서 규정을 어기고 통화하는 것이 꺼림칙하다. 집이었더라면, 전화통에 대고 수다를 떨거나 시간을 허비하거나 해도 신경을 쓰지 않겠지만, 이곳에서의 자유는 제한되어 있는 것이다.

레이몽이 전화를 걸었던 이유는 두 가지다. 첫째, 돌아오는 일요일을 알제의 친구 별장에서 함께 보내자는 것. 마리와 약속이 있다며 거절하자 함께 오라고 한다. 당연히 뫼르소는 수영과 일광욕을 할 수 있다는 기대감과 함께 마리도 데려갈 수 있다는 사실을 알고 좋아한다. 두 번째는 아랍인 패거리들에게 미행 당했으니 퇴근길에 그들을 보면 알려달라는 것이다. 겁을 먹은 레이몽은 그들 가운데 한 명은 자기가 매질한 여자의 오빠가 분명하다고 말한다.

바로 그때 사장의 호출을 받은 뫼르소는 사적인 통화를 길게 한 것 때문에 언짢은 소리를 듣게 되리란 생각이 들자 불쾌하다. 회사에서 지적받기는 싫은 것이다. 이건 만사에 시큰둥하고 냉정한 그의 모습이 아니다. 그러나 회사에서 파리에 지사를 낼 계획이고, 그곳으로 갈 의향이 없느냐는 이야기를 듣자 본래의 모습으로 돌아온다. 다른 사람들이라면, 알제를 벗어나 파리로 진출할 기회를 주겠다는 이야기를 듣고 기뻐했겠지만, 뫼르소의 대답은 '각오는 되어 있다'였다. 가든 말든 크게 상관하지 않겠다는 투다. 우리가 보기에는 다소 의아한 반응이지만 그 의문은 나중에 그가 사장과 이야기를 나누며 어떤 생각을 하는지 밝혀지면서 풀리게 된다.

이렇게 해서 이날 아침에 벌써 뫼르소에게는 두 가지 할일이 생겼다. 좋은 친구들과 수영을 하러 가는 것과 파리 전근. 대부분의 사람들은 파리를 로맨스, 사랑, 음악, 유쾌함, 그리고 환상과 연관 지어 생각하지만 뫼르소는 그렇지 않다. 그는 사장에게 현재 생활이 좋고, 이쪽 생활이나 그쪽 생활이나 마찬가지란 취지로 답변을 한다. 그가 일하고 살아가는 데는 파리건 알제건 아무 상관이 없을 것이란 이야기다. 언짢은 듯한 사장의 말마따나 어쩌면 그는 승진이나 열심히 일을 해서 돈을 벌겠다는 야심이 없는지도 모른다. 그러나 우리는 파리가 뫼르소에게는 모든 것이 전혀 맞지 않을 곳임을 알고 있다. 그곳은 날씨가 쌀쌀하고, 비가 자주 내리며, 화창한 날도 드물다. 이를테면, 뫼르소가 행복감을 느끼는 순간에 매우 중요한 따스함이나 수영과는 거리가 먼 곳이기 때문이다.

처음으로 뫼르소의 과거에 대해 아주 귀중한 사실 한 가지가 드러난다. 그도 한때 야망을 가진 적이 있었다고 회상한다. 그러나 공부를 중도 포기할 수밖에 없었을 때 야망이고 뭐고 모두 내던졌다는 것이다. 그 이후부터는 무슨 일에든 무심한 뫼르소가 되어버린 것 같다.

이러한 무심함은 마리가 청혼했을 때 한층 두드러지게 나타난다. 만약 '결혼을 해서 그녀가 기쁘다면' 결혼해도 괜찮다는 것이다. 레이몽이 친구가 되자고 했을 때 보였던 반응과 거의 비슷하다. 그때도 '아무래도 좋다'는 식으로 대답했다.

뫼르소의 정직성은 상대방의 경계심을 무너뜨리는 면이 있다. 그 이유는 그가 레이몽의 편지를 대필할 때는 없는 말을 보태고 교묘한 암시와 거짓말까지 덧붙이면서도 전혀 개의치 않았던 반면, 자신의 감정에 대해서는 거짓말을 하지 못하기 때문이다. 그는 마리에게 사랑한다는 말을 해서 기쁘게 할 줄 모른다. 결혼이라는 신체적이고 법적인 행위는 하겠지만, 거짓으로라도 사랑한다는 말은 하지 못하는 것이다. 그에게 결혼은 전혀 중요하지 않다. 어머니가 돌아가신 정확한 날짜가 전혀 중요하지 않은 것처럼. 뫼르소는 보기 드물게 과묵하다. 레이몽은 친구가 되자고 했고, 마리는 자신을 주겠다고 했고, 회사에서는 파리 전근을 제안했다. 그런데 그에게는 모두가 시큰둥한 일이다. 그의 대답은 '아무래도 좋다'가 전부다.

마리는 이런 뫼르소의 태도가 혼란스럽다. 그러나 레이몽은 약간 유별나게 보면서도 마리처럼 깊이 생각하지는 않는다. 마리에게 결혼은 대단히 중대한 문제다. 그녀는 지극히 평범하고 현실적인 여성으로, 섹스를 좋아하고, 가정과 남편과 아이들을 원한다. 이상한 점이라면 뫼르소가 자기처럼 관계를 맺은 여자라면 누구라도 청혼을 했을 때 결혼할 수 있다고 인정한 후에도 그와 결혼하려 드는 태도 한 가지뿐이다. 마리는 뫼르소의 말이 마음에 들지는 않았지만 어쩌면 이런 점 때문에 그에게 끌리는지 모른다고 말하고, 언젠가는 같은 이유로 그를 증오할 수도 있다고 겁을 주지만, 그는 그런 비아냥에도 전혀 반응이 없다. 뫼르소는 한동안 아무런 말도 하지 않고 있다가, 파리로 전근될 수도 있다는 이야기를 한다. 마리는 파리에 대해 알고 싶다고 했다. 그는 그곳은 지저분하고, 비둘기 떼나 우글거리고, 안뜰은 어둡고, 사람들의 얼굴은 회칠이라도 한 것처럼 희다는 식으로 대답한다.

결혼과 파리 전근! 마리에게 그날 저녁은 완벽하다. 그녀는 꿈을 이룬 것이다. 그러나 그녀는 다른 남자와의 저녁 약속 때문에 뫼르소와 저녁식사를 할 수 없음을 암시하는 듯한 태도를 보이면서, 왜 그가 궁금해 하지 않는지 물으며 나무라는 듯한 눈치다. 뫼르소는 미처 생각하지 못했을 뿐이며, 사실은 무슨 볼일이 있는지 알고 싶었다고 한다. 이것은 그가 보여주는 몇 안 되는 부정직한 행동 가운데 하나다.

카뮈는 이 장을 두 가지 장면으로 마무리한다. 하나는 셀레스트네 식당에서 뫼르소와 같은 테이블에 앉아 식사를 한 여자와 관련된 것이고, 다른 하나는 뫼르소가 살라마노 영감과 잃어버린 개에 대해 대화를 나누는 부분이다. 카뮈는 이 여자와 이 여자에 대한 뫼르소의 견해에 상당한 주의를 기울인다. 뫼르소는 이 여자에게 매료되어 호기심을 갖게 된다. 그녀는 로봇과도 같아 보인다. 몸짓은 앙증맞고, 열심히 메뉴를 살펴 주문을 하고, 음식 값도 미리 종이를 꺼내 계산해 두며, 에피타이저를 순식간에 먹어치우고 다음 요리를 기다리면서 라디오 프로그램이 실려 있는 잡지를 꺼내 거의 모든 프로그램에 표시한다. 사실, 로봇과도 같다는 말은 그녀가 식당에서 나가 빠른 속도와 정확한 걸음걸이로 제 갈 길을 가는 모습을 보고 설명할 때 사용한 것이다. 이 일은 표면상으로는 전혀 의미가 없다. 낯선 사람과 한 테이블에서 식사를 했고, 그 과정에서 그 사람의 행동을 눈여겨보았으며, 곧 그녀에 대해 잊어버린 것이 전부다. 그런데 제2부에서는 그녀가 방청객으로 나타나 법정에 서 있는 뫼르소를 지켜본다.

살라마노 영감과 개의 애증 관계는 정서적으로 살라마노와 뫼르소가 얼마나 다른가를 잘 보여주는 대목이다. 딱히 할일도 없고 잠도 오지 않았던 뫼르소는 슬퍼하는 노인에게 개에 대해 묻고, 소위 악의 없는 거짓말, 즉 개가 '혈통이 훌륭한' 것처럼 보인다고 말해 준다. 이것은 지금까지 뫼르소가 그 개에 대해 이야기하던 모습이 아니다. 슬퍼하는 노인은 어머니의 죽음에 별반 슬퍼하지 않는 뫼르소와 대비되는데, 두 경우 모두에는 불확실성이 존재한다. 노인은 개가 죽었는지, 누군가에게 발견되어 보호를 받고 있는지, 아니면 그냥 길을 잃고 헤매는지 알지 못하고, 뫼르소는 어머니가 돌아가신 정확한 날짜를 모른다. 그러나 뫼르소는 졸립지 않기 때문에 노인의 말에 귀를 기울인다.

살라마노는 아내가 죽자 그 개를 얻어왔다. 꽤 늦은 결혼이었지만 그리 행복하지는 않았다. 그러나 정이 들었던 아내가 세상을 떠나자 외로워서 동료에게 개를 한 마리 얻었다. 처음에는 젖병에 우유를 넣어 먹이면서 기른 그 개는 아이 같았으나, 개의 수명이 사람보다 짧아 함께 늙어버리고 말았다. 한때 그는 그 개의 자태(어쩌면 자신의 외모도)에 대단히 자부심을 가졌던 적이 있지만 피부병과 노쇠증이 생겼다. 노인이 자리에서 일어서며 손을 내밀었다. 뫼르소는 "그의 피부에 생긴 딱지가 느껴졌다." 노인은 그날 밤 개들이 짖지 않았으면 좋겠다고 말한다. 자기 개가 아닌가, 하는 생각이 들기 때문이란다. 개가 돌아오리란 헛된 희망, 헛된 기다림을 원치 않는 것이다. 앞 장에서는 끙끙거리는 개 소리가 '고요함과 어둠 속에서 자라나는 꽃'과 같다고 묘사했다면, 이번 장에서는 슬픈 체념의 색조로 마무리되고 있다.

이 장에서 어쩌면 가장 중요한 요소 가운데 하나일 수도 있지만 아주 사소한 정보 한 가지가 드러난다. 살라마노 영감이 무심코 이웃 사람들이 어머니가 죽고 나자 뫼르소를 나쁘게 생각한다고 말한 것이다. 뫼르소는 더 이상 투명인간처럼 조용히 지낼 수가 없게 되었다. 그는 어머니를 모시지 않고 양로원에 보내버린 불효자식으로 알려져 있는 것이다. 살라마노가 뫼르소가 어떤 사람이고 어머니를 얼마나 사랑했는지 알고 있었다고 말해 주지만 별반 위안이 되지 않는다. 뫼르소는 당황하고 있는 것이 분명하다. 그는 어머니를 모실 돈이 없었고, 여러 해 동안 어머니와는 별반 나눌 이야기도 없었기 때문에 오히려 양로원에 가면 덜 적적할 것으로 생각했다고 설명한다. 이 내용은 제2부에서 뫼르소를 변호할 때 중요한 부분이 된다. 살라마노는 건성으로 뫼르소의 이야기를 듣는다. 나름대로 개가 걱정되어서다. 두 사람 어느 쪽도 그날 밤은 편치 않을 것이다.

Chapter 6

살인

　　뫼르소에게 매주 일요일은 대개 활기가 없다. 틀에 박힌 일상, 즐거움, 즉흥적인 소풍도 없는 날이기 때문이다. 그러나 이번 일요일은, 독자를 뫼르소의 철학적 통찰과 전향, 그리고 사형 장면으로 이끄는 이 소설의 절정이 된다. 다소 신문 기사처럼 상세하게 묘사되었던 뫼르소 어머니의 장례식 장면을 제외한다면, 이제까지는 이렇다 할 만한 사건들이 벌어지지 않았기 때문에 뫼르소가 오늘 아침에 얼마나 힘들게 일어났는지를 묘사하는 이 장의 서두는 희극적 역설이다. 이 작품을 어느 정도 알고 있는 독자라면, "그것은 차라리 잠자리에서 일어나지 말았어야 하는 아침들 가운데 하나였다"는 옛말을 떠올릴 수도 있다. 마리는 좀처럼 일어나지 않는 그를 깨우기 위해 이름을 부르고 흔들어야만 했던 것이다. 해변에 일찍 도착하고 싶어서 아침식사도 걸렀다. 그는 두통이 있고, 일어나서 처음 피우는 담배 맛도 썼고, 온몸이 나른하고 힘이 몽땅 빠져나가버린 것 같은 느낌이다. 마리는 마치 '초상집에 다녀온 사람 얼굴 같다'고 평하는데, 카뮈가 보여주는 역설의 한 부분이다. 어머니 장례식 동안, 어머니 관 주위에서 밤샘을 하기 위해 모인 사람들에게 뫼르소의 모습은 전혀 상주 같지 않았을 것이다. 혹여 그렇게 생각한 사람이 있었다면 전혀 잘못본 것이다. 알다시피 뫼르소는 어머니의 죽음을 슬퍼하고 있지 않았다. 불편하고, 당황스러웠다. 그가 슬퍼했던 것은 그런식으로 허비된 하루와 길고 지루한 시련의 시간을 견뎌내야한다는 점뿐이었다.

이번 일요일 마리의 기분은 뫼르소와는 정반대다. 그녀는 행복하고, 웃음이 넘친다. 뫼르소가 마리에게 예쁘다고 말한다.

차츰 알게 되겠지만, 이날은 뫼르소가 신체적 자유로움, 즉 수영과 일광욕, 마리와 함께 즐거운 시간을 갖는 마지막 하루다. 카뮈는 뫼르소가 잠자리에서 깨어날 때 기분을 어둡게만들고, 마리의 명랑함을 통해 그것을 강조함으로써 색다르고도 운명적인 날에 대해 독자들에게 미리 암시를 하고 있었다.

레이몽의 방문을 두드려 떠날 준비가 되었음을 알린 뫼르소와 마리는 거리에 서지만, 다시 한 번 카뮈는 독자에게 뫼르소의 '기분이 영 좋지 않다'는 점을 상기시킨다. 이 장은 꼼꼼하게 살펴보아야 한다. 가장 중요한 사안인 아랍인을 살해하는 동기가 담겨 있기 때문이다. 뫼르소가 특히 언짢은 기분을 갖는 것은 일상을 벗어나 해변에서 마리와 함께 수영과 일광욕을 즐길 수 있는 이날을 학수고대한 그에게는 뜻밖의 모습이라고 할 수 있다.

    얼마 후, 뫼르소는 몸만 안 좋은 것이 아니라, 강렬한 아침 햇살에 얻어맞기라도 한 것 같다고 상태를 묘사한다. 뫼르소가 사랑하는 것이 있다면 바로 태양이기에 얄궂은 일이 아닐 수 없다. 사실, 이 작품에서 태양은 한 명의 등장인물과도 같은 역할을 하고 있을 정도다. 우리는 뫼르소가 태양의 따스함 속에서 얼마나 기뻐했는지를 익히 보아왔다. 하지만 오늘 그에게는 태양이 너무도 강렬하고 세차다. 햇볕은 그의 눈을 '마치 움켜쥔 주먹처럼' 때린다. 다시 한 번, 카뮈는 마리의 반응을 반복함으로써, 뫼르소의 상태를 강조한다. 마리는 연신 "천국과도 같은 날씨!"라고 말한다. '천국과도 같다'는 말은 지옥과도 같다는 말과 상통하는데, 살인이 저질러지기에 앞서 그날은 분명 지옥과도 같은 날이다. 이 장은 천천히 클라이맥스를 향해 나아가면서 끊임없이 부정적인 면-긍정적인 면이 대비되고 병치된다.

    레이몽 역시 장난스럽게 정중함을 가장하여 마리에게 '마드무아젤'이라고 부르면서 기분이 한껏 들떠 있다. 뫼르소에게는 그의 차림새가 흉해 보였고 마리는 푸른 바지와 흰 셔츠에다 밀짚모자까지 걸친 모습이 우습다며 야단이었다. 뫼르소는 그의 반소매 셔츠 아래로 드러난 하얀 팔뚝의 검은 털도 보기 싫었다. 기분이 썩 좋지 않았기 때문에 사소한 것들까지 거슬리는 것이다.

레이몽의 옷차림을 언급한 뫼르소는 기분이 가라앉은 이유를 약간 설명한다. 그는 전날 저녁 레이몽과 함께 경찰서에 출두해서 레이몽이 아랍 여자를 때린 것은 그 여자가 부정한 짓을 저질렀기 때문이라고 증언했다. 경찰은 뫼르소의 증언을 믿고, 레이몽을 훈방했다. 뫼르소는 "그들은 내 진술에 대한 사실 확인을 하지 않았다"고 말한다. 사실상 자신의 진술이 거짓이었음을 밝히고 있는 셈이다. 뫼르소는 그 여자가 실제로 바람을 피웠는지 어쨌는지 모르고, 그 여자가 어떤 놈과 섹스를 하고 다녔든 말든 관심이 없다. 그는 '진짜 불쾌한' 편지를 대필해 주고, 레이몽이 여자의 부정 때문에 소란을 피웠다고 증언하지 않을 이유가 없을 뿐이다. 카뮈는 뫼르소가 거짓말을 한 것은 자신의 느낌과 행동에 대해 거짓말하기를 거부하는 사람으로서는 보기 드문 일임을 강조하고 있다. 따라서 그는 이 작품에서 때때로 그려지듯 별 깊이 없는 피상적인 희생자도 아니며, 아무 잘못도 없이(어머니의 장례식에서 눈물을 흘리지 않았다는 점을 제외한다면) 단두대에 서게 되는 순교자 또한 아니다.

세 사람이 버스에 오르기 전부터 이야기의 전개 속도가 빨라지기 시작한다. 레이몽이 뫼르소에게 맞은편 담배 가게에 서 있는 몇 명의 아랍인을 보라는 시늉을 한다. 뫼르소는 그들이 자신들을 돌덩어리나 죽은 나무토막처럼 아무것도 아닌 듯이 바라보고 있다고 말한다. 레이몽은 그 아랍인들 가운데 누가 그 여자의 오빠인지도 알고 있다. 걱정스러워하는 기색이 역력한 그는 그 사건은 '이제 끝난 이야기'라며 대수롭지 않게 말하면서도, 버스 정류장까지 절반 정도를 남겨놓은 거리에서 아랍인들이 뒤따라오지 않는지 확인하려는 듯 뒤를 돌아본다. 이 같은 그의 행동은 머리 위를 선회하는 말똥가리 떼를 올려다보며 다가오는 죽음을 두려워하는 사람의 그것과 흡사하다.

버스에 오르고 나자 레이몽의 소심함은 들뜬 장난기로 바뀐다. 뫼르소는 레이몽이 마리가 마음에 드는 듯 웃기기 위해 '계속 농담을 해댔다'고 말한다. 하지만 마리는 이따금씩 그를 쳐다보며 고개를 끄덕이고 미소를 지어 보이긴 했지만 거의 아무 대답도 하지 않았다. 일행이 살인 현장이 될 해변을 향해 여행을 계속하는 이 시점에서 뭔가가 일어나게 될 것 같은 긴장감이 느껴진다.

세 사람은 도시를 벗어났고, 해변을 향해 걷는 동안 그들만 남겨진다. 그들은 일요일이면 늘 반복되는 알제의 일상에서조차 멀리 떨어져 있다. 뫼르소에 의하면, '금속성 광택'이 느껴질 만큼 파란 하늘을 배경으로 눈처럼 흰 나리꽃들이 피어 있다. 그가 침묵 속에서 지켜보는 동안, 마리는 어린아이처럼 꽃들을 향해 헝겊가방을 휘둘러 꽃잎들이 비처럼 쏟아지게 만들며 좋아하고 있다. 여기 묘사된 풍경은 불길한 조짐의 단편들이다. 마리가 천진난만하게 꽃들을 죽이고 있는 동안, 뫼르소는 어떤 집들은 큰 떡갈나무 속에 '반쯤 가려져 있고,' 어떤 집들은 '돌투성이 대지 위에 덩그러니 서 있다'는 점에 주목한다. 마침내 해변에 도착했을 때는 거대한 갑(岬)이 바다 위로 불쑥 튀어나와 '검은 그림자'를 드리우고 있다.

레이몽의 친구 마송 부부를 만나 인사를 나눈 뫼르소는 마리가 마송 부인과 웃으면서 담소하는 모습을 보고 처음으로 마리와의 결혼 가능성을 '진지하게' 고려해 본다. 앞서 그가 마리와 결혼을 약속했었다는 사실을 상기하라. 이제 그는 결혼 '가능성'에 대해 '고려해 보겠다'고 한다. 이전의 결혼 약속은, 당시로서는 '반대하지 않는다'는 의미였던 것이다. 무엇보다도 그는 지금 이 순간을 사는 인물이며, 실제로 결혼을 고려해 보겠다는 뜻밖의 사실은 이 수수께끼 같은 인물을 이해하는 데 대단히 중요하다.

뫼르소는 해변에 있는 이 순간 햇볕을 쬐면서 훨씬 기분이 좋아진다. 사실 태양은 그에게는 언제나 기운을 회복시켜주는 강장제 같은 존재다. 우리는 그가 태양에 어떻게 반응하는지, 그리고 파리와 그곳에 화창한 날이 드물다는 사실에 대해 어떤 반응을 보이는지도 보아왔다.

수영은 뫼르소의 기분을 한층 더 좋게 만들어준다. 특히 몸 아래쪽으로는 차가운 물이, 그리고 팔과 어깨가 드러날 때 그 위쪽으로 내리쬐는 뜨거운 태양이 몸에 닿는 느낌이 좋다. 여기서는 이 일련의 현재 순간들이 크게 강조된다. 뫼르소와 마리는 나란히 동작을 맞춰 헤엄치는 것을, 뫼르소의 말대

로, '매 순간' 즐긴다.

완전히 기분이 풀어진 뫼르소는 헤엄쳐 해변으로 돌아와 따가운 햇볕과 마리의 체온으로 몸을 말리면서 깜박 잠이 든다. 잠시 후 마리의 성화에 잠을 깬 그는 함께 멀리 수영을 해나가 서로 몸을 휘감는다. 뫼르소는 온몸의 감각이 들떠 따끔거릴 정도로 육체적 만족을 느낀다. 그는 '걸신이 들린 것처럼' 점심식사를 탐하면서 많은 빵과 생선과 스테이크와 감자 튀김을 먹어치운다. 마송은 뫼르소와 마리를 마음에 들어하며, 뫼르소의 와인 잔이 비기만 하면 재빨리 다시 채워준다.

커피가 나왔을 때쯤, 뫼르소는 머리가 '약간 무거워' 연거푸 담배를 피운다. 서로 마음이 잘 통한다고 느낀 그들은 공동 비용을 마련해 8월을 해변에서 보내는 계획에 대해 의논한다.

일행이 버스를 타고 해변으로 갔고, 수영과 낮잠, 점심 식사, 그리고 8월 한 달 동안 방갈로를 빌려 여름을 보낼 계획 등을 의논한 후라면 그때가 서너 시는 되었을 것으로 생각할 수도 있다. 그런데 그게 아니었다. 마리는 시간이 겨우 열한 시 반이라고 했고, 모두들 놀랐다. 마리가 깔깔거리고 웃지만 왜 웃었는지 뫼르소는 모른다. 마송이 여자들이 점심 설거지를 하는 동안, 남자들은 해변을 산책하자고 제안한다.

별장을 나서던 뫼르소는 그제야 처음으로 태양이 알제의 집을 나설 때와 같은 느낌을 준다는 사실을 알아챈다. 이번에는 태양이 주먹으로 후려치는 것 같다는 이야기는 하지 않는다. 햇볕이 거의 직각으로 쏟아져서 수면으로부터 반사되는 빛을 견디기 힘들 정도라고 말한다. 이때쯤은 정오에 가까워지는 시간이고, 바닷가에는 아무도 없다. 뫼르소는 땅에 깔린 돌에서 올라오는 열기가 아지랑이처럼 피어오르는 속에서 거의 숨도 쉴 수 없을 지경이다.

태양의 열기, 바다로부터의 반사광, 그리고 점심식사 때 마신 와인의 취기가 오르면서 그가 잠시 비몽사몽에 빠져 있는 동안, 레이몽과 마송이 이야기를 나눈다. 뫼르소는 두 사람이 서로 알게 된 지 오랜 사이임을 알게 된다. 그들은 물가로 가서 바다를 끼고 걷는다. 다시 한 번 뫼르소는 모자도 쓰지 않은 머리통을 '내리치듯' 내리쬐는 햇볕과 바다의 반사광에 대해 언급한다. 뫼르소는 정신이 몽롱하다.

잠시 후, 그는 아랍인 두 명이 해변 저쪽 멀리서 그들을 향해 다가오는 것을 보았다. 걱정스러운 표정이 된 레이몽은 아랍인 가운데 하나가 '그놈'이라고 말했다. 원래 성격대로 뫼르소는 아무 말도 하지 않는다. 그들은 걸음을 멈추지 않는다. 레이몽은 드잡이할 계획을 세운다. 아랍인 한 명은 자신이 상대하고, 덩치가 좋은 마송이 다른 하나를 맡는다. 뫼르소는 대기하고 있다가 또 다른 놈이 나타나면 돕기로 한다. 태양은 해변을 따라 접근하고 있는 두 무리의 사내들을 구울 듯 내리쬔다. 그들의 발밑에 있는 모래도 '불처럼 뜨겁게' 달궈져 있다. 뫼르소는 모래가 '붉은 색으로 타오르는 것처럼 보인다'고 말한다.

　　양편의 남자들이 겨우 몇 발짝 떨어진 거리까지 접근한다. 레이몽은 그가 맡은 아랍인에게 다가간다. 아랍인이 들이받을 듯 머리를 낮추자 레이몽은 마송을 향해 덤비라고 고함을 지르면서 그자를 맹렬하게 공격한다. 마송이 자신이 맡은 아랍인을 힘껏 갈긴다. 아랍인은 얼굴을 바닥에 틀어박고 바닷물 속에 나뒹군다. 레이몽은 '자신이 맡은' 아랍인이 피를 흘리도록 응징한 것이 자랑스러워 멍청하게 잠시 공격을 멈추고는, 여동생처럼 만들어주겠다는 생각으로 뫼르소에게 '아직 끝나지 않았다'고 소리를 지른다. 뫼르소가 "그놈이 단도를 가졌다"고 말하는 순간, 그 아랍인이 레이몽의 팔과 입을 그어버린다.

마송의 엄청난 덩치에 겁을 먹은 두 아랍인은 칼을 앞으로 겨눠 쥔 채 천천히 뒤로 물러나다가 어느 정도 거리가 생기자 부리나케 달아난다.

　　레이몽은 심하게 다친 것처럼 보인다. 팔에서는 피가 흐르고, 말을 하려 할 때마다 입에서 피거품이 나왔다. 하지만 별장으로 돌아와서 보니 상처가 깊지 않아 의사에게 걸어서 갈 수 있을 정도다.

　　마송은 레이몽을 데리고 의사에게 가고, 뫼르소는 여자들과 남는다. 마리는 새파랗게 질리고, 마송 부인은 울고 있다. 뫼르소는 여자들을 보호하고, 사건에 대해 말해 주도록 남겨진 것이다. 뫼르소를 뛰어난 경호자로 생각하긴 힘들며, 사건 이야기도 중간에 귀찮아져서 그만두고 담배를 피우며 바다를 응시한다.

　　의사는 심각하지 않은 부상이라고 안심시켰지만 치료를 받고 돌아온 레이몽은 침울한 표정이다. 그는 혼자 바람을 쐬고 싶다고 말한다. 마송과 뫼르소가 동행하겠다고 하자 화를 내고 욕지거리까지 한다. 그러나 뫼르소는 마송의 반대에도 아랑곳없이 레이몽을 따라나선다.

　　이제 시간은 두 시에 가까워지고 있다. 뫼르소는 그 오후가 햇볕이 모래와 바다 위로 '불똥처럼 흩어지는' 용광로 같이 느껴진다고 표현한다. 뫼르소는 계속해서 레이몽의 뒤를 따라가고, 레이몽은 목표물을 발견할 때까지 계속해서 걷는다. 그가 찾던 것은 두 아랍인이었다. 그들은 상당히 온순해져 있는 것처럼 보인다. 하나는 아무 말도 없이 노려보기만 하고, 다른 하나는 작은 갈대 피리로 세 개의 음을 연주하고 있다. 카뮈는 이 장면을 그림처럼 묘사한다. "아무도 움직이는 사람은 없으며, 그 누구도 입을 열지 않는다. 뜨거운 햇볕과 무거운 침묵이 전부이며, 갈대 피리 소리와 작은 샘에서 물이 졸졸 흐르는 소리만 들려온다. 그 장면은 거의 목가적으로 여겨질 정도다."

갑자기 레이몽이 뫼르소에게 그 여자의 오빠를 쏴버려야 할지 묻는다. '그만두라'고 하면 레이몽이 제풀에 자극을 받아 총을 쏠 것 같은 생각이 들자 뫼르소는 가만히 있는 그 아랍인을 '태연하게' 쏘아버린다면 '비겁한 짓'이 될 것이라고 말한다. 레이몽은 쉽사리 그 말을 귀담아들으려 하지 않는다. 그는 칼질을 한 자에게 복수할 기회를 만들기 위해 욕지거리를 해서 자극하겠다고 한다. 이것은 여자를 화나게 만드는 편지를 보내 앙갚음을 했던 전술과 같다.

다시 한 번, 뫼르소는 아랍인이 칼을 빼들지 않는 한 쏘아서는 안 된다고 경고하지만, 레이몽은 화를 내기 시작한다. 아랍인들은 동요하지 않고 경계태세를 늦추지 않는 동물들처럼 조심스럽게 점점 더 흥분하는 레이몽과 주저하는 뫼르소를 노려보고 있다. 뫼르소가 레이몽에게 총을 내놓으라고 요구할 때, 우리는 뫼르소라면 총을 가져도 사용하지 않을 것이라고 생각하게 된다.

레이몽에게 건네받은 권총이 햇빛에 반사되어 번쩍거린다. 다시 한 번, 태양은 이 죽음의 드라마에서 하나의 역할을 맡은 등장인물이라도 되는 양 모습을 나타낸다. 그런 다음 모든 것이 정적에 휩싸인다. 그 순간 뫼르소는 '쏠 수도 있고, 쏘지 않을 수도 있다…' 그리고 '어느 쪽이건 마찬가지가 될 것'이라고 생각한다. 그가 파리 근무를 제안 받았을 때도 이와 흡사한 생각이었음을 상기하라. 그는 어느 쪽이건 크게 상관하지 않았다. 사장이 '생활에 변화를 준다'고 하자 그는 '이곳 생활이나 그곳 생활이나 마찬가지'라며 현재 생활이 상당히 잘 맞는 것 같다고 대답했었다. 마리가 청혼했을 때도 '아무래도 좋다. 결혼을 원한다면 할 수도 있다'고 대답했다. 뫼르소는 열기에 최면이 걸린 듯 당면 문제에 대해 전처럼 무관심 상태로 빠져든다. 여기 다른 사람을 죽일 수 있는 총을 든 채 서 있으면서도 '어느 쪽이건 마찬가지가 될 것'이라고 생각한다. 이 상황은 그에게 아무런 의미도 중요성도 갖지 못하는 것이다. 뫼르소에게 그 아랍인들은 실제로 인간이 아닐 수도 있고, 죽음, 결혼, 파리 전근 — 그 어떤 것도 그에게 절대적 중요성을 갖는 것은 없다.

갑자기 아랍인들이 뒷걸음질 치며 달아난다. 어찌나 빠르게 사라져버렸던지, 마치 바위 밑으로 숨어들어버린 도마뱀처럼 여겨질 정도다. 교착상태에 빠진 대결은 끝나버린 것처럼 보인다. 레이몽과 뫼르소는 돌아서서 갔던 길을 되돌아온다. 기분이 가라앉은 레이몽은 알제까지 타고 돌아갈 버스 편에 대해 이야기한다.

그러나 뫼르소는 변해 버렸다. 햇볕으로 머리가 어지러운 데다 별장으로 향하는 계단을 걸어 올라갈 힘조차 없다. 다시 여자들과 마주할 것을 생각하니 맥도 풀린다. '눈을 뜰 수 없게 만드는 빛이 하늘에서 떨어지는 것' 같다. 그리고 그의 행위에 일관되게 나타나는 동기가 다시 모습을 드러낸다. "여기 그대로 있거나 혹은 움직이거나—아무럼 어때." 그는 뭘 어떻게 해야 할지 모르는 상태다. 그의 결정이 이성적인 것이 아니었다는 점은 순전한 우연이다. 그는 그저 걷기 시작한다—다시 바닷가로 되돌아가는 것이다. 막연히 그 바위 뒤쪽의 서늘함에 대한 기억 이외에 아무런 이유나 의도도 없이 불처럼 뜨거운 오후의 태양을 피해 바닷가로 간다. 그가 천천히 앞으로 걸어 나가는 동안, 눈에 보이는 것들은 모두 붉은색으로 이글거렸고, 뜨거운 모래밭에 찰싹거리는 잔물결 소리가 들린다. 관자놀이는 욱신거리고 열기는 그를 내리누르면서, 바닷가로 가지 못하도록 만들려고 드는 것 같다. 뜨거운 열기가 와 닿을 때마다 이 우주의 한 부분이 그를 지배하도록 허락하지 않겠다는 듯 계속 이를 악물고 호주머니 속의 주먹을 움켜쥐고 온 힘을 다해 버틴다. 뫼르소가 해변을 향해 걸어가는 모습은 태양과 맞붙어 싸우는 전투 장면처럼 묘사되고 있다.

그는 주먹을 움켜쥐고, 이를 악문다. 깨진 유리조각과 조개껍질에 반사된 빛줄기들이 그를 향해 칼날처럼 달려든다. 그는 입을 더 꽉 다문다. 우리는 뫼르소가 시원한 개울에 가려고 그토록 무의미하게 열심인 경우는 한 번도 본 적이 없다.

그는 멀리 조그맣게 보이는 검은 바위덩어리를 보자, 한 가지 ― 그 뒤쪽에 있을 차갑고 맑은 샘과 싱그러운 물소리를 듣고자 하는 열망 ― 만 생각한다. 마침내 목표가 분명해진다. 태양, 눈물을 짜고 있는 여자들을 피해 바위 그늘 뒤쪽의 서늘한 정적을 다시 차지한다는 것.

다른 누군가가 그의 생각과 똑같은 행동을 해버렸다. 레이몽과 맞붙었던 자가 그곳에 있었던 것이다. 뫼르소는 아랍인들의 일은 까맣게 잊고 있었다. 비틀거리며 바위를 향해 다가가는 동안 단 한 번도 아랍인들 생각은 하지 않았다. 지금 레이몽의 적이 태양을 피할 수 있는 그 서늘한 장소를 차지하고 있다. 두 사람은 즉각 자연스럽게 서로에게 반응을 보인다. 두 사람은 서로에 대한 두려움으로 동시에 각자의 무기로 손을 뻗는다. 뫼르소는 웃옷 주머니에 들어 있는 레이몽의 권총을 움켜쥐고, 아랍인의 손은 칼을 넣어둔 저고리 주머니로 향한다. 뫼르소와 아랍인은 비록 10미터 정도밖에 떨어져 있지 않다. 그러나 타는 듯한 열기로 아랍인의 모습은 흐릿하게 아른거리고, 이따금 파도 소리와 모든 것을 녹여버릴 것처럼 타는 듯한 태양을 배경으로 빛나는 그의 눈을 언뜻언뜻 어렴풋이 볼 수 있다.

뫼르소가 이성을 찾는다. 그는 이 아랍인과 다툰 적이 없다. 그들의 관계는 공허하고 무의미한 것처럼 보인다. 그러나 뫼르소는 편지를 대필해 줬다는 사실을 잊고 있다. 그는 돌아서서 두 발을 움직여 그 자리를 떠나 더 이상 이 아랍인을 생각하지 않으면 된다는 생각에 사로잡힌다. 그러나 그 자리를 떠날 수가 없다. 태양이 발밑의 모래 속에서 고동치며 뒤로 물러설 수 없게 몸을 압박하는 것이 느껴지자, 돌아서는 대신, 뫼르소는 샘과 아랍인을 향해 나아간다. 열기는 뺨을 태울 것처럼 뜨겁고, 땀방울은 두 눈썹에 고인다. 그 열기는 어머니 장례식 때의 그것과 흡사하다. 당시에도 지금처럼 특히 이마를 짓누르는 햇볕의 무게를 한순간도 더 감당할 수 없고, 한순간만 더 있으면 혈관이 살갗을 뚫고 터져버릴 것 같은 느낌이 들었다. 그가 햇볕의 뜨거움을 이기지 못해 한 발짝 앞으로 내딛는 순간, 아랍인은 칼을 뽑아 치켜들었고, 칼날의 긴 쪽을 타고 반사되는 햇볕이 뫼르소의 이마를 '뚫고' 들어와 꼼짝도 할 수 없게 만든다. 땀방울은 눈꺼풀 위로 뚝뚝 떨어지고, 짠 소금기가 눈으로 흘러들어 시야를 가린다. 뫼르소는 두개골을 짓누르는 태양과 칼날에서 반사되어 눈알을 '갈라놓을 듯' 파고드는 빛 이외에는 그 어떤 것도 의식할 수가 없다.

모든 것이 흔들린 것은 그때였다. 그는 바다에서 불어오는 뜨거운 열풍을 둘로 쪼개 엄청난 불의 장막을 '쏟아붓는'

하늘에 대해 묘사하면서 비틀거리기 시작한다. 그 순간 "방아쇠가 움직였고, 권총 손잡이의 매끄러운 아랫배가 내 손바닥을 덜커덕 밀었다." 이 시점에서 뫼르소에게 현실감각이 사라진다. 방아쇠를 움켜쥐고, 조준 발사하는 의식 같은 것은 존재하지 않는다. 이를테면, 방아쇠는 '무너져 내리듯 움직였고', 이어 총이 발사되면서 그는 '날카롭고, 채찍을 후려치는 듯한 소리'를 들었다. 아랍인이 쓰러지는 것을 보았는지에 대해서는 말하지 않는다. 그는 총에 맞고 쓰러져 꿈쩍도 하지 않는 몸뚱이에 네 발을 더 발사하지만, 몸 안으로 총탄이 뚫고 들어간 흔적은 찾아볼 수 없었다는 이야기만 한다. 우리는 살인 장면을 목격한 것이다. 뫼르소가 총알을 퍼부은 시신이 하나 있지만, 살인의 증거나 살인의 가시적 표시는 존재하지 않는 듯 보인다.

이 장은 아랍인의 살해 이야기보다는 뫼르소의 의식이 돌아오는 것을 강조하면서 끝맺고 있다. 그는 심각한 행위를 저질렀다는 사실을 깨닫게 된다. 이제까지는 무의미한 행위들을 모아놓았던 그의 인생에서 단 한 번 어느 쪽으로든 중요성을 지니게 될 너무도 결정적인 행위를 한 것이다. 그는 자신이 '한낮의 균형을 깨뜨렸다'는 것을 알았다. 뫼르소는 레이몽의 편지를 대필해 줄 때까지만 해도 그저 그런 삶을 살고 있었다. 그에게는 흥미로운 일이라곤 한 번도 일어나지 않았다. 하루가 시작되고, 그 하루가 지나며, 그런 날들이 더해져서 지루하기 짝이 없는 몇 해가 되었다. 그 상황은 편지 대필과 아랍인 여자를 매질한 사건 이후로 변했다. 아랍인들은 식민지를 만든 프랑스인 침입자들에 대해 당연한 분노, 복수하고자 하는 인간적 욕구를 지니고 있다. 공교롭게도 뫼르소는 레이몽의 감정적인 탈선행위에 대수롭지 않게 연루되었다가 레이몽의 뒤를 밟은 적이 있는 그 사내를 살해하게 된 것이다.

뫼르소는 그렇게 행복감을 느꼈던 해변의 고요함이 지닌 신성을 자신이 더럽혔다는 사실을 알고 충격에 사로잡힌다. 그가 죽은 아랍인에게 네 발의 총탄을 더 발사한 것은 바로 그 다음의 일로, 연이어 발사되는 하나하나의 총탄이 규칙적으로 표류해가던 삶을 파멸시키고 있다는 것을 알았다. 그는, 그의 표현대로, 직접 자신의 '파멸'을 이루어낸다. 그의 머릿속에서 시끄럽게 부딪히는 태양이란 심벌즈가 불확실한 죽음을 향해 표류해가던 이전의 삶이 정점에 이르도록 만들었다. 이제 그는 확실한 죽음을 향해 방향이 잡힌 삶과 대면하는 것이다.

Chapter 1

신문, 신문, 신문

제2부의 첫 장은 뫼르소 특유의 담담한 어조로 진행되며, 그가 경찰관들로부터 받은 신문에 대해 설명하고 있다. 처음에 그는 경찰에서 자기 사건에 대해 아무도 크게 관심을 갖지 않는 것 같다고 말한다. 이런 태도는 어느 정도 뫼르소가 상황을 바라보는 방식을 보여주는 것이어서 흥미롭다. 그는 자신이 저지른 사건이나 살인죄를 범했다는 가능성에 대해 그다지 크게 염려하지 않는다. 그는 자신이 무시하고 있거나 아예 없는 것일 수도 있는 내면의 느낌 대신, 경찰관들의 신문과 반복적으로 이름과 주소와 직업을 대답해야 하는 지루함에 대해 대략적으로 언급한다. 뫼르소는 변호사를 선임했느냐는 예심판사의 질문에 놀랄 정도로 상황이 어떻게 돌아가는지 거의 이해하지 못한다. 뫼르소의 대답은 간결하고도 정직하다. "아닙니다. 물론 그런 건 안 했지요." 변호사를 선임하고, 변호사와 상담하고, 변호 대가로 거액을 지불한다는 것은 도대체 쓸

데없는 일로 여겨졌다. 그 일은 너무 번거롭고, 변호사가 꼭 필요한 것인지도 확신할 수 없다. 그는 법정에서 변호사를 선임해 준다는 사실을 알고 만족스러워한다. 법으로 그런 자질구레한 일들이 처리된다니 '훌륭한 제도'다. 사소한 일들로 시간을 허비하지 않아도 되기 때문이다.

뫼르소에 대한 일차적인 신문은 경찰서에서 이루어졌고 별다른 일 없이 지나갔으나, 1주일 후 판사 앞에 서면서 상황이 달라진다. 수사 경찰관들에게 그는 익명성을 지닌 한 인물에 불과해서 아랍인 하나를 살해한 프랑스인이었을 뿐이었다. 그러나 처음부터 특별한 호기심을 갖고 뫼르소를 살핀 담당 판사는 그가 전형적인 살인마가 아님을 알아본다. 그가 변호사에 대해 질문했을 때 뫼르소가 보여준 순진함에는 자못 흥미까지 느낀다. 뫼르소는 다시 한 번 변호사의 도움이 필요 없다고 차분하게 대답한다. 그는 여전히 변호사가 필요한 것인지 모르고 있다. 우리는 뫼르소의 살인행위를 알고 있으며, 뫼르소 역시 알고 있다. 그는 지금 법률적 문제에 직면해 있지만 이질적이고 법률적인 환경에 대해서는 전혀 모르는 완전한 이방인이다. 이전에는 단편적인 삶을 살아왔다면, 이 새로운 삶은 엄격한 체계를 갖추고 있다.

뫼르소에게 그 사건은 단순하다. 사건에 갖가지 세세한 부분과 모호함이 있을 경우, 그리고 범죄의 중대성에 합리적인 의혹이 존재할 경우에만 변호사가 필요한 것이다. 조서에 그대로 나타나 있는 뫼르소의 사건에 대해서는 주장하고 말고 할 것도 없다. 변호사 선임은 단순한 요식행위인데, 어쨌거나 그처럼 미리 정해진 요식행위에 신경 쓰지 않아도 된다는 이야기를 듣자 적이 안도한다.

　　뫼르소에게 신문은 초현실적인 느낌을 준다. 그는 신문을 받고 있는 방 자체에 주의를 집중하고 있다. 그곳은 살인자 조사실이라기보다는 거실 같아 보인다. 물질주의적 냄새가 풍기는 커튼 하며, 볼품없는 안락의자, 그리고 장식이 없는 등불에는 어떤 부조리함이 존재한다. 다시 한 번, 뫼르소는 그 장면에서 벗어나 '이 평범한 거실'에서 다른 사람이 질문에 대답하고 있는 것을 지켜보고 있는 것처럼 보인다. 그는 소설에서 그런 신문이 어떤 방식으로 진행된다는 것을 읽었고, 이 신문이 소설처럼 엄격하고 무자비하지 않기 때문에 판사의 말을 그다지 진지하게 경청하지 않는다는 사실을 인정한다. 뫼르소에게 이 신문은 '하나의 놀이 같이' 느껴진다. 이것은 대단히 중요한 이야기다. 영국에서 출판된 영역판 서문에서 카뮈는 뫼르소가 사형선고를 받고 단두대에 오르게 되는 것은 '그가 놀이를 하려 들지 않았기 때문'이라고 말한다. 그가 사형당하는 것은 법정에서 거짓말하기를 거부하기 때문인 것이다. 그리고 계속해서 뫼르소는 '진실을 위해' 죽는다고 덧붙인다.

　　뫼르소가 신문당한 내용을 이야기하는 동안, 죄의식에서 오는 내면의 고통 같은 것은 존재하지 않는다. 대신, 한 가지 사소한 측면 — 입술을 일그러뜨리는 안면경련 증세 — 만 제외한다면 상당히 지적이고 호감을 주는 그 판사의 신체적 특징에 대해 말해 준다. 카뮈는 이러한 솜씨 있는 묘사를 살인 범 조사가 거실에서 진행되고 있는 듯한 엉뚱함과 결합시켜, 그 방을 나서면서 한담을 마친 것 같았다는 뫼르소의 생각이 한층 더 부조리하다는 것을 암시한다. 심지어 뫼르소는 손을 내밀어 작별인사를 하려다가 순간적으로 자신이 '사람'을 죽였다는 사실을 떠올린다. 그런데 여기서 '사람'이란 단어의 사용은 전적으로 설득력을 지니지는 못한다. 만약 그가 실제로 인간을 살해했다는 사실을 느끼고 있다면, 왜 그런 짓을 저질렀는지에 대한 내면적 갈등이 분명 존재할 것이기 때문이다. 그런 면은 전혀 존재하지 않는 것처럼 보인다. 그런데 자신이 살인 사실을 '제때에' 떠올렸다고 인정하는 것은 뭔가 덜 중대한 어떤 일을 잊고 있었던 것처럼 보이는, 하나의 방백에 가까운 진술이다.

뫼르소는 법정에서 선임한 변호사와 이야기를 나누면서 그의 조언에 따르겠다고 동의한다. 변호사는 이 사건이 뫼르소의 확신처럼 단순하지 않다는 것을 이미 알고 있다. 예를 들어, 변호사는 뫼르소가 어머니의 죽음을 대하는 태도 같은 것에 대해 설명해야 할 가능성이 있다는 것을 탐탁지 않게 여긴다. 그는 자신이 수집한 정보에 의하면 경찰 측에서 그가 어머니 장례식이 진행되는 동안 '엄청나게 냉정했다'는 사실

을 알고 있다고 말한다. 뫼르소의 냉정함이 바로 변호사를 괴롭히는 부분이다. 만약 뫼르소가 어머니 장례식에서 슬퍼하는 감정을 전혀 내보이지 않았다는 사실이 입증된다면, 생판 모르는 사람을 뚜렷한 동기도 없이 살해한 의뢰인의 행동을 설명해야 할 때 어떤 변론을 할 수 있겠는가? 그는 뫼르소에게 냉정함이란 혐의의 중대성을 깨닫게 만들려고 애쓰면서, 뫼르소만이 이 법정에서 자기를 도와줄 수 있다고 말한다.

　　장례식이 진행되는 동안 조금이라도 슬펐느냐고 물었을 때, 뫼르소가 끔찍할 정도로 이상한 질문이라고 대답하자 변호사는 심란하다. 만약 뫼르소가 그런 개인적인 질문을 해야 할 처지였다면 대단히 당혹스러웠을 것이다. 그는 그런 감정에 대해 그리 대단하게 생각지 않고 있으며, 정확한 사실을 이야기할 수 없다고 대답한다. 대부분의 질문은 단순히 예 혹은 아니오로 답하는 것이 아니라면, 뫼르소로서는 쉽지가 않은 것들이다. 따라서 심사숙고를 필요로 하는 질문에는 혼란스러워하면서 왜 그런 질문을 받아야 하는지 이해가 되지 않는다. 사실, 그는 어머니를 상당히 좋아했다는 것을 잘 알고 있다. 그러나 그가 어머니를 사랑했었다는 이야기를 하지 않는다는 점에 주목하라. 지금 뫼르소는 어머니를 '상당히 좋아했었다'고만 말할 뿐이다. 이것이 그가 할 수 있는 가장 분명한 진술인데, 특히 냉정하고 태연하게 살인을 저지른 자에게는 그리 대단한 법적 영향력을 주지 못한다.

뫼르소는 스스로 평범한 남자라고 생각하지만, 판사는 그를 대단한 호기심을 가지고 바라본다. 마리조차 처음에는 뫼르소의 그런 괴상한 면 때문에 사랑에 빠지게 된 것이 아닐까 궁금해 했었다는 점에 주목하라. 축적된 증거들은 독자들로 하여금 뫼르소가 '그저 평범한 남자'가 분명 아님을 확신하게 한다. 뫼르소는 변호사에게 독방에 갇혀 재판을 기다리는 사람으로서는 발설하지 말았어야 할 사실을 밝힌다. 건전한 사람들은 누구나 살아오면서 한두 번은 사랑하는 사람의 죽음을 바라는 일이 있는 법이라고 말하는 것. 그는 그 말이 지닌 잠재적 중대성을 자각하지 못한다. 그에게 그것은 그저 자신이 생각했던 것에서 빠진 부분에 대한 보충이자, 그 누구에게도 해를 입히지 않을 숙고에 지나지 않는다.

뫼르소의 변호사가 흥분하는 것도 놀랄 게 없다. 그는 재판 도중에는 유죄 증명에 도움이 될 그런 진술을 하지 말라고 간청한다. 그러자 뫼르소는 단지 '그 변호사를 만족시키기 위해' 그러마고 약속한다. 그는 반복해서 이런 행위를 저지른다. 레이몽을 도운 것과 마리와의 결혼 약속도 그들을 만족시키고 싶었기 때문이었다. 하지만 그는 변호사에게 자신의 약속이 굽힐 수 없는 것은 아니라고 경고하고, '어느 순간이건 자신이 물리적으로 처한 상황'이 대개는 자신의 말과 행동, 느낌에 영향을 미친다고 설명한다. 이것은 뫼르소로서는 자신에 대한 자각을 담고 있는 보기 드문 직관이다. 살인죄로 사형을 당하지 않기 위해 배심원단을 설득하는 일에 목숨이 달려 있는 상황에서 그런 진술을 인정한다는 것은 한층 더 보기 드문 일이다.

어린아이 같은 천진함으로 뫼르소는 변호사에게 어머니가 죽지 않았더라면 좋았을 것이라고 말한다. 뫼르소는 이것이 대단히 긍정적인 진술이라고 여긴다. 그가 울지 않았다는 사실은 별로 중요하지 않다. 그날 그는 덥고 피곤했기 때문이다. 모든 것이 그에게 달린 일이었다면, 어머니는 지금까지도 살아 계셨을 것이다. 하지만 어머니는 세상을 떠났다. 그것은 자기 잘못이 아니며, 변호사가 그날의 더위와 피로 때문에 장례식에서 울지 않았다는 사실에 그토록 대단한 중요성을 부여하는 것은 놀라운 일이다.

지극히 정상인 변호사는 뫼르소가 장례식 날 슬픈 감정을 간신히 '억누르고 있었다'고 말하기를 기대할 것이다. 그러나 뫼르소에게는 불가능한 행동이다. 거짓말이기 때문이다. 변호사가 불쾌한 기색을 감추지 않은 채 뫼르소를 이상하다는 눈길로 바라보면서, 양로원장과 양로원의 몇몇 직원들이 그가 어머니의 죽음을 슬퍼하는 감정이 전혀 없었다는 증언을 하는 증인이 될 수도 있다며 무척 불리할 거라고 말한다. 검찰 측은 강력한 무기를 갖게 된 것이다. 뫼르소는 자기 사건과는 아무런 관계도 없다고 지적한다.

어머니의 죽음과 아랍인의 죽음 사이에 어떤 공통점이 있는가 하는 점은 뫼르소의 이해 능력 밖이다. 그가 보기에는 전혀 관계가 없는 사건들인 것이다. 그러나 변호사는 사실이 어떤 식으로 왜곡되고 엉뚱하게 해석되는지를 알고 있다. 이 특정 사건에서 검찰 측은 기소 내용을 교묘하고 치밀하게 만들 필요조차 없게 될 것이다. 어머니의 죽음을 대하는 뫼르소의 태도는 배심원단에게 그의 냉정함을 노골적으로 상기시키는 사안으로 이용될 수 있다. 변호사는 뫼르소에게 재판이니 법이니 하는 것과 전혀 관계를 가져본 적이 없었던 게 분명하다는 식으로 말한다. 변호사 '화가 난' 표정으로 돌아간다.

뫼르소는 변호사가 자신을 이해하고 더 잘 변호해 주기를 바라서가 아니라 이따금씩 자신도 다른 사람과 똑같은 '보통 사람'임을 확신시켜주고 싶은 유혹을 느낀다고 말한다. 하지만 결국 효과도 별로 없고 귀찮아서 그만두고 말았다.

　　그날 늦게 예심판사의 사무실로 끌려간 뫼르소는 맨 먼저 그 방 안이 엄청나게 덥고 햇빛은 깊숙이까지 환하게 들이비치고 있다는 사실에 주목한다. 이미 우리는 뫼르소가 열기와 햇볕에 얼마나 민감한지를 보아왔기에 이번 방문은 시작부터 낌새가 좋지 않다. 심한 더위는 불길한 징조다. 변호사가 '일이 생겨' 참석할 수 없게 되었는데, 원한다면 변호사의 도움이 있을 때까지 기다릴 권리가 있다고 예심판사는 말한다. 그 말에 뫼르소가 어떤 식으로 대답할지는 뻔하다. 그는 혼자서 답변할 수 있다고 말한다. 처음부터 그는 법전에 변호사가 필요하다고 규정되어 있지만 않았다면, 별반 소용이 없는 존재라고 여기고 있었으니까.

　　신문은 퉁명스럽게 진행된다. 예심판사는 뫼르소가 과묵하고 다소 자기중심적이라는 평이 있다고 말한다. 이런 주장은 부정적인 것이다. 달리 보면, 주로 자신의 일에만 신경을 쓸 뿐이고, 다른 사람들에게 폐를 끼치는 일은 없다고 말할 수도 있지 않은가. 이 주장의 사실 여부를 묻는 판사의 질문에 뫼르소는 별로 할 말이 없어서 말을 안 한다고 답한다. 그는 대단히 논리적이고 정직하게 판사에게 답변한다. 뫼르소의 답변을 들은 판사는 그건 대수롭지 않은 일이라고 맞장구를 친다.

　　판사는 뫼르소의 독특함에 흥미를 느낀다. 그는 상체를 앞으로 내민 채 두 눈은 똑바로 고정하고, 목소리를 약간 높인다. 이처럼 둔하다 싶을 정도로 정직한 사람은 처음 신문해 보는 것이 분명하다. 그는 사건 자체보다는 뫼르소를 알고 싶다고 말한다. 어쩌다가 사건을 일으키게 되었는지 이해하기 힘든 부분이 있는데, 그것을 이해할 수 있도록 도와달라는 것이다. 뫼르소는 사건은 지극히 단순하다고 단언하면서, 왜 그 전말을 다시 듣고 싶어하는지 궁금하다고 말한다. 신문을 받으면서 이미 레이몽, 해변, 수영, 싸움 등에 관련된 자세한 내용을 모두 말했다는 것이다. 그러나 뫼르소는 내키지는 않아 하면서도 다시 한 번 요약해서 되풀이했다. 말을 마친 그는 이미 했던 이야기를 하는 데 지쳤고, 태어나서 이렇게 말을 많이 해보기는 처음이라는 생각이 든다.

판사는 뫼르소가 재미난 사람이고 해서 돕겠다고 약속하면서, 다짜고짜 어머니를 사랑했느냐고 묻는다. 뫼르소는 '다른 모든 사람들처럼' 어머니를 사랑했었다고 말한다. 그의 뒤쪽에서 서기가 타이프라이터의 캐리지*를 뒤로 밀어놓고는 타이핑한 뭔가를 고치는 소리가 들린다. 이것은 카뮈가 뫼르소의 '다른 모든 사람들처럼' 사랑할 수 있다는 이야기를 하는 것과 '다른 모든 사람들처럼' 사랑할 수 있다는 말을 믿지 못하는 배심원단이 결정할 그의 궁극적인 운명 사이에 존재하는 얄궂음을 예시하는 순간이다. 그 결과, 하나의 실수(살인)와

---

* **캐리지**(carriage): 용지를 감는 원통.

장례식에서 울지 않았다는 사실로 인해, 타이피스트가 실수를 고치는 것만큼이나 효과적으로 삭제, 즉 처형당한다는 의미다.

판사는 다시 다섯 발을 연달아 쏘았느냐고 묻는다. 뫼르소는 잠시 생각하다가 다섯 발을 연이어 발사하지 않았다는 사실을 강조한다. 그는 한 발을 발사해서 그 아랍인을 죽였고, 잠깐 간격을 두었다가 네 발을 더 발사한다. 그런데 첫 발과 나머지 네 발 사이의 간격에 대해 설명할 도리가 없다. 방안의 강렬한 열기와 햇빛 때문일 수도 있겠지만 눈앞에 해변이 펼쳐지고 뜨거운 햇볕이 느껴졌다. 대답을 기다리는 동안 판사는 흥분한 눈치였다. 판사가 엉덩이를 들썩거렸다가 다시 앉고, 대답을 재촉하고 난 후에도, 그는 대답할 수가 없다. 판사가 재차 대답을 강요하지만 뫼르소는 침묵을 지킨다.

뫼르소의 침묵은 한때 매우 지적인 사람처럼 보인다고 생각했던 판사를 미치광이처럼 바꿔놓는다. 그는 서랍에서 은십자가를 꺼내 휘두르며 전지전능하신 하느님을 믿는다면서, 아무리 나쁜 죄를 지은 인간(아마도 뫼르소를 가리키는 듯)이라도 용서 받을 수 있다고 열광적으로 설교를 해댄다. 하지만, 먼저 회개를 해서 '어린아이처럼' 깨끗한 마음이 되어야 한다고 말한다. 판사에게 어린아이처럼 행동하고 반응하는 뫼르소를 보면서 우리는 다시 한 번 역설을 대하게 된다. 판사의 광기는 이번에는 뫼르소를 변화시킨다. 그는 기겁한다. 온전한 정신을 갖고 사람들을 심판해야 하는 판사가 뫼르소의 눈앞에서 은 십자가를 휘두르고 있는 것이다. 그것은 마치 죽은 아랍인이 뫼르소의 눈앞에서 흔들어대던 햇볕이 반사되어 번쩍이던 그 칼과 흡사한 무기처럼 보였다. 그동안 사무실 안은 점점 더 숨 막힐 듯 더워졌고, 커다란 파리들이 붕붕거리며 날아다니다가 뫼르소의 뺨에 앉는다. 그것은 열기, 파리들, 그리고 판사가 내리는 징벌의 장면이다. 뫼르소는 판사의 괴상한 행동이야말로 전형적인 범죄자의 행태인데, 결국 죄를 지은 사람은 자기란 사실을 깨닫는다. 나아가서, 그는 신을 믿지 않는다는 사실을 인정해서 판사에게 진정한 범죄자가 되어버린다. 실망한 판사는 신의 존재를 의심한다면 그의 인생은 아무런 의미가 없는 것이 된다고 말한다. 판사는 뫼르소에게 자신의 삶이 무의미하게 되기를 바라느냐고 묻는다. 마치 뫼르소가 자신을 신을 믿지 않는 사람으로 만들기라도 한 것처럼 비난하는 것이다. 뫼르소는 자신과는 아무 관계 없는 일이어서 그렇다고 대답한다. 그의 바람이 도대체 어떻게 판사의 신앙에 영향을 미칠 수 있단 말인가?

뫼르소는 이제 넌더리가 났고, 이 열기와 죄를 들먹이는 정신병원 같은 곳에서 빠져나가기 위해 기꺼이 거짓말이라도 할 마음을 먹게 되지만, 판사가 마지막으로 신의 존재를 믿지 않느냐고 질문하자 본능적으로 그렇지 않다는 뜻으로 머리를 가로저었던 것 같다.

이어지는 정적은 아랍인을 향해 첫 발과 나머지 네 발

을 더 발사하게 될 때 사이에 존재했던 정적과도 흡사하다. 판사는 뫼르소처럼 고집 센 사람은 처음이라고 말한다. 그리스도가 받은 수난의 상징인 십자가를 들고 회개를 종용했을 때 울음을 터뜨리지 않은 범죄자가 없었다는 것이다. 어머니의 장례식에서 울지 않았던 것처럼 뫼르소는 이번에도 울지 않았다.

변호사와 특히 예심판사는 삶에서 의미를 찾고, 의미를 부여하기 위해 고심해 왔다. 뫼르소는 자신의 삶이 '의미'를 가지고 있는지 생각해 보는 따위의 수고는 절대 하지 않는다. 그의 태도는, 일단 사람이 태어나면 삶을 살아가야 하고, 자살은 죄악이고, 인간의 삶은 원칙과 목적의 지배를 받아야 한다는 사회의 철학에 비춰보면 공포감을 주는 것이자 위협적이다. 하지만 이러한 현실은 뫼르소의 것은 아니며, 그런 이유로 그는 '감정'이 메마른 자라고 비난받는다. 뫼르소 역시 감정을 지니고 있지만, 그의 감정은 체계적이고 도덕적인 통일체에 합체되지 않는 것이다.

신문이 끝났고, 뫼르소는 자신이 저지른 일에 대해 전혀 후회하지 않는다는 사실을 인정한다. 아니 '후회보다는 일종의 짜증스러움'이 느껴진다. 그 후 뫼르소는 변호사와 함께 여러 차례 예심판사를 만나 신문을 받는데, 그들은 뫼르소가 앞서 했던 진술을 더욱 상세히 설명하도록 만들려고 든다. 때로 뫼르소는 판사가 자기에게 거의 신경을 쓰지 않고 있다는 것을 눈치 챈다. 판사는 신의 존재를 인정하지 않는 이 괴상하고 고집 센 사람에게 흥미를 잃은 모양이다. 판사는 다시는 하느님 이야기를 하지 않았다. 판사와 변호사 어느 쪽도 뫼르소에게 적대적으로 대하지 않는다. 모든 것이 자연스럽고 착착 진척되어 뫼르소는 때로 '가족 사이에 섞여 있는 것 같은' 어처구니없는 느낌을 받기도 했다.

신문은 11개월 동안 계속되었고, 뫼르소는 이제 그런 시련을 즐길 정도로 변했다. 그는 판사가 배웅하면서 '그리스도 반대자 선생'이라고 부르는 순간을 무엇보다 즐긴다. 엄연한 현실이 존재해야 할 법정 안에 현실 비슷한 모든 것은 거꾸로 뒤바뀌어 있었던 것이다.

Chapter 2

감옥생활

제2부의 1장은 11개월에 걸쳐 신문이 진행되는 동안, 뫼르소가 판사와 변호사, 그리고 자신에 대한 태도에서 변화된 관계에 초점이 맞춰진다. 2장 역시 그 11개월 동안에 관한 것으로, 뫼르소가 신문을 받지 않는 동안의 하루하루 삶에 초점을 맞추고, 1장에서 뫼르소가 말한 여러 가지 생각들도 조명하고 있다. 예를 들면, 뫼르소는 이따금씩 자신과 예심판사가 놀이를 하는 것처럼 느껴지기도 했다고 말했다. 그는 이곳에서 일어났던 어떤 일들에 대해서는 이야기하고 싶지 않음에도 불구하고, 다시 상세하게 말하기로 작정한다. 그가 맨 처음 언급하는 것은 자신이 느끼게 되는 비현실적인 느낌에 대해서다. 수감된 지 얼마 지나지 않은 그는 죄수가 되어 갇혀 있다는 사실을 실감하지 못한다. 그는 자신에게 무슨 일이 일어난 것인지, 그리고 감옥에 들어온 것이 자신이 저지른 행위의 결과임을 거의 의식하지 못하고 있었다. 그는 뭔가 재미있고 놀라운 일이 일어나게 되리라는 어린아이 같은 희망을 갖고 있었다.

이제 상황은 변했다. 뫼르소는 감옥에 들어와서 무슨 일이 있었는지 말하는 것이 대수롭지 않게 생각되었다. 그러한 변화가 일어난 것은 마리에게서 더 이상 면회할 수 없게 되었음을 알리는 편지를 받게 되면서다. 그녀는 딱 한 번 면회를 왔다. 하지만 아내가 아니기 때문에 더 이상 면회가 허용되지 않는다고 했다. 뫼르소가 감방이 '마지막 집'이고, 그의 표현대로 '하나의 막다른 골목'임을 깨닫게 되었다고 말하는 것은 바로 그날이었다.

체포되던 날, 그는 거의 아랍인들이— 말하자면 그곳의 토착민들— 갇혀 있는 커다란 유치장에 갇혔다. 뫼르소는 알제리 식민지 점령자들 가운데 하나인 프랑스인이다. 그가 아랍인 한 명을 죽였다고 말하자 잠잠해졌다. 며칠 후 그는 바다가 어렴풋이 보이는 조그만 창문이 있는 작은 독방으로 이감되었다. 마리의 한 차례 면회를 제외하고는 모든 면회가 거부되고, 그가 즐겨 수영한 바다와 파도 위에서 노니는 햇빛을 어렴풋이 보면서 애를 태운다. 여기서 카뮈는 작품에 일관되게 존재하

는 태양의 이중적 역할
을 보여준다. 때로 살인
적이기도 한 반면, 따스함
과 유쾌함을 나타내는 것.

　　뫼르소는 계단들,
면회실, 창문들, 쇠창살들,
재소자들과 면회자들 사이
를 갈라놓고 있는 9미터 정도
의 '무인 지대' 등과 같은 새로운 환경을
냉담하다 싶을 만큼 객관적으로 묘사한다. 면회실에서 그는
마리와 대면하게 되며, 목소리가 들리도록 하기 위해 목청을
높인다. 이곳은 뫼르소에게는 엄청나게 다른 세계다. 예전 같
았으면 그는 좀처럼 말을 하지 않았다. 지금은 아랍 토착민들
의 알아들을 수 없는 시끄러운 소리 속에서 목소리를 높이지
않으면 안 된다. 그리고 장식 하나 없는 이곳에서도 그는 다른
사람들의 시끄러운 소리에 자신들의 목소리가 파묻히지 않도
록 악을 쓰는 두 무리의 필사적인 사람들을 뒤덮고 있는 백색
의 눈부신 빛으로부터 도망칠 수가 없다. 뫼르소는 자기 감방
이 아주 어둡고 조용했기 때문에 처음에 면회실로 들어와서는
현기증을 느꼈다. 너무도 환한 빛이 비치며, 웅성거리고 속삭
이는 아랍인들로 들어찬 그 당황스러운 세계 속으로 던져졌던
것이다. 한동안 그는 중요한 이야기는 한 마디도 하지 못한다.

감방이란 현실이 그를 옥죄기 시작하고 있었다. 쇠창살에 바짝 얼굴을 붙인 마리는 아름다워 보였고, 예뻐 보인다는 간단한 칭찬이라도 건네고 싶었지만 아랍인들에게 둘러싸인 채 그런 말을 한다는 게 너무 당혹스러웠다. 마리는 뫼르소가 잘 있는지, 부족한 것은 없는지 묻는다. 그 질문은 평범할 뿐만 아니라 바보 같은 것이다. 그렇지만 그는 확실하고 빠르게 대답한다. 두 사람은 가장 가까이 있는 아랍인들이 중간 중간에 큰소리로 떠들어대기 시작하면서 한층 더 서로의 이야기가 잘 들리지 않게 되자, 마리는 레이몽이 안부를 전하고 싶어한다고 고함을 지른다. 고맙다고 전해 달라는 뫼르소의 말이 곁에 있는 남자의 목소리에 파묻힌다. 뫼르소는 이런 혼란스러움에도 불구하고 마리를 포옹하고 얇은 드레스 위로 몸을 만져볼 수 있는 자유를 너무도 갈망한다. 그녀는 뫼르소에게 석방될 것이 분명하니까 다시 수영하러 갈 수 있을 것이라고 안심시키면서, 희망을 버리지 말라고 말한다. 그러나 우리는 뫼르소가 별반 희망을 가질 수 없음을 알게 된다. 창문 밖의 햇볕조차도 사람들의 얼굴을 누르스름한 기름으로 한 꺼풀 덮어 칠한 것처럼 사악한 존재로 만들어버린다. 그는 메스꺼움을 느끼지만, 그대로 남아 마리와 함께인 순간을 가능한 한 많이 흡수하고 싶다. 그녀는 계속 미소를 지으면서 직장 이야기를 하지만 뫼르소의 관심은 온통 그녀에게 쏠려 있다. 잠시 후 그는 미소를 지으려 애쓰면서 창살에 바짝 붙어 서 있는 마리를 남겨둔 채 끌려 나간다.

　　마리의 첫 편지가 오면서 뫼르소는 제정신을 유지하기 위해서는 자유로웠던 시절처럼 생각하는 것을 그만두어야만 한다는 절박한 깨달음을 얻는다. 그 이전까지는 모든 것을 충동에 내맡겨왔다. 제1부에서 우리는 그것을 분명하게 보았다. 이제 그는 더 이상 사무실에서 더운 하루를 보내고 난 후, 몸에 닿는 차가운 바닷물을 느끼기 위해 해변으로 수영하러 갈 수 없게 되었고, 좁다란 감방 안에 갇혀 있는 신세다. 자신이 더 이상 자유로운 인간이 아니란 사실을 깨닫게 되는 이 단계는 몇 개월간 지속되었다. 그 다음에는 또 다른 변화가 생겨난다.

　　'죄수다운' 생각을 갖기 시작한 것. 충동에 따라 하고 싶은 것을 할 자유가 더 이상 없기 때문에 자신에게 허락된 몇 가지를 고대하게 되었다. 날마다 하는 안마당 산책, 혹은 변호사 접견 같은 사소한 일들이 큰 의미를 갖는다. 이러한 적응은 스스로도 놀라우면서 만족스럽다. 그는 수감 생활을 나무 둥치 속에 갇혀 거기 난 구멍으로 한 조각의 하늘만을 볼 수 있는 것에 비유한다. 그런 식으로 고통받고 있음에도 그는 거기에 적응할 수 있다고 확신한다. 만약 그렇더라도, 새가 머리 위로 날아가는 것이나 둥실둥실 떠가는 구름을 바라보면서 만족을 얻을 수 있으리란 것이다. 카뮈가 〈시시포스의 신화〉에서 하는 말들은 뫼르소가 하는 말과 연관되기도 한다.

　　시시포스는 비록 거대한 바윗덩어리를 언덕 꼭대기까

지 굴리고 올라가 다시 아래로 굴러가버리는 것을 지켜봐야 하는 형벌을 받았지만, 거기에 적응했다. 비록 몸은 끝도 없이 똑같은 행위를 거듭 반복해도 정신은 그의 것이다. 카뮈는 우리가 부조리 의식을 자각하기 시작하게 될 때, '프루스트*'가 장미 한 송이의 향기를 언제까지나 음미하고 있는 것처럼 하나의 단일한 인상'에 커다란 가치를 부여하게 된다고 말한다. 하나의 새로운 명징성에 도취되는 데 적응하면서, 단일 감각에 가치를 두는 것은 제1단계다. 여기서 뫼르소는 단 한 조각의 하늘이라도 자신의 것이라고 주장할 수 있게 된다면 만족한다고 새롭게 자각한다. 그는 하늘과 그런 순간들을 절대적이라고 정의할 수 있으며, 그것에 만족할 수 있다. 카뮈가 거기서 한 발짝 더 나아가기 때문에, 나중에 뫼르소는 변화를 겪게 된다. 부조리함을 깨닫게 된 인간은 단 하나의 순간, 단 하나의 감각, 그리고 제한된 시야를 마침내 버리고, '가능한 한 많은 것들의 축적'이 필요하다는 것을 알게 될 것이다. 그러나 현재의 뫼르소는 그런 사실에 흥분해 있으며, 단 한 조각의 하늘을 볼 수 있는 것만으로도 만족하는 자신을 마음속에 그려본다. 그것은 자신이 받는 처벌에 저항하고 초월할 수 있는 충분한 이유가 된다. 인간은 언제나 하늘을 바라보며 도움을 간

---

* **마르셀 프루스트**(Marcel Proust, 1871-1922): 프랑스의 소설가. 인간의 의식 깊이를 추구하여 의식의 흐름 기법을 창시했다. 작품 〈잃어버린 시간을 찾아서〉.

청해 왔다. 뫼르소는 하늘 한 구석으로 자신을 지탱해 나가게 되는데, 그 한 조각 하늘이 그의 내부에 계속 살아가고자 하는 욕망을 주입해 줄 것이기 때문이다. 죽음은 절대적 종말이다. 뫼르소는 한 조각의 하늘(혹은 실제로 그렇듯이 그가 틈새로 보게 되는 바다)을 볼 수 있는 한, 희망을 갖고 삶을 새롭게 자각할 수 있으며, 이해할 수 없는 법정, 그리고 궁극적으로는 이해할 수 없는 이 세상과 맞서 싸워 나갈 수 있는 힘을 갖는다.

뫼르소는 상황이 더 나빠질 수 있다는 것도 깨닫는다. 적어도 그는 말 그대로 나무 둥치 속에 갇혀 있지는 않다. 그는 좁다란 감방 안에서 움직일 수는 있는 자유와 다음번에 변호사가 어떤 괴상한 넥타이를 매고 나타날 것인지 궁금해 하면서 기다릴 수 있는 자유는 가지고 있다. 바로 이런 생각을 하고 있는 동안 세상을 떠난 어머니가 했던 말이 떠오른다. 어머니는 늘 '결국 우리는 무엇에건 익숙해지게 된다'고 이야기하곤 했다. 이것이 뫼르소가 죽음이나 장례식을 떠나 처음으로 떠올린 어머니 모습이다.

섹스―그것을 할 수 없다는 것―는 뫼르소를 괴롭혔다. 그는 과거에 섹스를 했던 숱한 여자들에 대한 기억을 가지고 있었으며, 그녀들의 얼굴을 떠올려 작은 감방을 가득 채우는 것으로 고통을 달랠 수 있었다. 비록 하고 싶을 때마다 섹스를 할 수 있는 자유가 더 이상 없다는 사실을 자각하면 고통스럽기는 해도, 그 기억들이 지루함과 시간을 지워나가는 데는 도움이 된다.

　　뫼르소는 담배를 피우지 못하는 것도 고통스럽다. 담배는 금지였고, 침대로 사용하게 되어 있는 판자 조각을 뜯어내 그것을 빨곤 했다는 이야기를 하면서, 이 특정한 박탈이 '나를 가장 기운 빠지게 만들었던' 것이라고 말한다. 그는 정신이 몽롱해지는 느낌과 극도의 불안감이 떠나지 않는 금단 현상의 신체적 징후에 대해 상세히 묘사한다. 그는 왜 담배를 피우지 못하게 하는지 이해할 수가 없다. 그걸 이해하게 된 것은 다시 한 번 자신이 죄수라는 사실을 깨닫고 난 후다. 그는 죄수이고, 죄수는 벌을 받고 있는 사람이다. 그에게 내려진 벌은 여자와 담배 없이 지내야 하는 것이다. 하지만 뫼르소는 이러한 깨달음을 얻게 되었을 무렵에는 담배를 피우고 싶은 욕구를 잃고 난 뒤여서 그 징벌이 더 이상 징벌이 될 수 없게 되었다면서 미소라도 짓고 싶은 심정이 된다.

　　그는 전적으로 불행하기만 한 것은 아니라고 고백한다. 그는 기억을 더듬어 자기 집의 침실에 대한 이야기를 하면서, 그 안에 있는 물건들의 세세한 면들―나무로 된 부분에 나 있는 아주 작은 흠집, 떨어져 나간 부분, 나무로 된 부분의 결과 색깔―을 눈앞에 떠올리는 것으로 지루함을 물리치는 요령을 재빠르게 터득한다. 그런 것들을 전에는 한 번도 알아채지 못했다. 자신이 단순히 존재해 왔던 것처럼 그냥 있었던 것들이었다. 그것들이 그를 의식하지 못하고 있었던 것처럼 그는 그것들이 지닌 중요성을 모르고 있었다.

더 많은 것을 기억해내면 기억해낼수록, 더 많은 것들을 떠올릴 수 있다는 사실을 알게 되면서, 평생을 감옥에서 보낸다면, 단 하루에 지나지 않는 경험조차도 모든 상세한 면면들을 다시 기억해낼 수 있고, 그 기억으로 시간을 때워나가며 지루함에 굴복하지 않을 수 있다는 결론을 내린다. 그리고 그것은 보상이자 희망과 인간성을 질식시켜버리려는 제도에 대한 승리다. 기억을 통해 뫼르소는 그 안에 살고 있었을 적에는 존재하지 않았던 세계를 발견한다. 이제 그 세계는 그에게 살아 있는 것으로 다가오지만, 이러한 기적은 그가 그 안에서 살도록 허락되지 않고 있기 때문에 가능한 것일 뿐이다.

뫼르소는 잠을 잘 잔다. 잠은 시간의 단조로움을 지워버릴 수 있다. 사실 뫼르소는 기억과 환상으로 때워야 하는 시간이 겨우 여섯 시간밖에 되지 않을 정도로 잠을 잔다.

이어서 그는 11개월 동안의 이야기를 멈추고는, 짚으로 된 매트리스를 살펴보다가 그 밑에 끼어 있는 누렇게 바랜 신문 조각을 찾아내 어느 날의 사건에 대해 설명한다. 기사의 일부는 떨어져나간 상태였지만, 체코슬로바키아의 한 마을에서 벌어진 범죄 사건에 대한 기사가 실려 있다. 그 기사는 짤막했지만, 훗날 카뮈가 내용을 보충해서 희곡 〈오해〉로 각색한다. 고향을 떠나 큰돈을 번 다음, 25년 만에 귀향해 어머니와 누이동생을 놀라게 해주려는 남자의 이야기다. 여관을 운영하는 모녀가 돈을 노리고 투숙객을 살해한다. 죽은 남자의 아내가 자초지종을 설명하자 어머니는 목을 매고, 누이동생은 우물에 투신자살한다. 이 기사에 흥미를 느낀 뫼르소는 자신이 아마 몇 천 번은 읽었을 것이라며, 우리는 그런 장난을 하지 말아야 할 것 같다는 결론을 내렸다고 말한다.

〈오해〉는 〈이방인〉이 출간되고 난 지 몇 년 후인 1944년에 처음 공연되었다. 카뮈는 공교롭게도 아들이자 오빠인 돈 많은 나그네를 살해하는 모녀의 사건이 지닌 역설에 대단히 흥미를 느꼈던 것이 분명하다. 그리고 그 여관에 투숙한 다른 돈 많은 나그네들도 살해했을 것으로 추정할 수 있다. 그렇게 우리는 낯선 사람의 살해라고도 할 수 있을 또 하나의 살인사건을 대면하게 된다. 그러나 뫼르소와는 달리 모녀는 죽인 사람의 정체를 알게 되자 광증과 죄의식으로 자살을 해버리는 반면, 뫼르소는 낯선 사람 하나를 살해한 사실을 완전히 파악하지도 못하고 있다.

카뮈는 또 하나의 살인사건과 철학적 물음을 가지고 우리의 애를 태운다. 누군가가 생판 모르는 사람을 살해하는 것과 아들이자 오라비인 남자를 죽이는 것 사이에 도대체 무슨 차이점이 존재하는가? 이 짤막한 이야기를 토대로 한 카뮈의 희곡 제목도 역설적이다. 살인 행위는 그 어떤 상황 하에서도 단순히 오해로 빚어졌다고 해서 용서될 수가 없다. 다음 장에서, 뫼르소의 오랜 친구인 셀레스트는 아랍인 살해가 그저 사고였을 뿐이고, 뜻밖에 찾아든 불운 탓이라며 변호하려 든다. 레이몽 역시 '우연'과 '단순한 우연의 일치' 탓으로 돌려야 할 사건이라는 진술로 뫼르소를 변호한다. 그러한 진술들은 틀린 말은 아니지만, 다른 사람의 생명을 빼앗고, 시신에 네 발의 총탄을 더 발사한 인물을 용서할 수 있는 충분한 이유가 될 것인가? 그리고 이번에는, 그 살인자는 자신의 목숨으로 죗값을 치러야 하며, '사회 정의를 위해' 국가가 살해해야 하는지를 자문해야 한다.

이전의 삶으로부터 오직 현재의 순간만을 갖게 된 죄수 뫼르소는 어제와 내일만을 의미가 있는 것으로 파악한다. 교도관이 그에게 6개월 동안 수감되어 있었다는 사실을 알려줬을 때도 그 말은 무의미할 뿐이다. 작은 양철 접시를 다양한 각도로 들고 자기가 변했는지 찬찬히 뜯어보지만, 얼굴은 언제나처럼 구슬프고 긴장된 표정일 뿐이다. 그는 해가 지는 것을 지켜보면서 자기 목소리를 듣게 되고, 최근 들어 혼잣말을 하고 있다는 것을 깨닫는다. 이 일이 일어나기 전까지는 그런 사실을 깨닫지 못하고 있었다. 자유로운 사람들은 감옥에서의 저녁을 상상도 할 수 없을 것이라고 말한다.

자유가 존재하지 않는 새로운 세계 속에서 뫼르소에게 시간은 가장 중요해진다. 그 이유는 시간이 끝도 없는 것처럼 여겨지기 때문이다. 그러한 획일성은 뫼르소가 기억으로, 잠으로, 그리고 신문 조각에 실려 있는 살인사건에 대한 이야기를 마음속에서 재미있게 재창조해 보는 것으로, 자신이 받고 있는 징벌과 맞붙어볼 수 있다는 것을 깨닫게 될 때까지는 변화가 없다. 이처럼 그는 불완전하기는 하나 살아 있다는 느낌을 유지하기 위해 이처럼 시간을 '살해하고' 있는 것이다. 감방 벽들의 안쪽에 갇힌 뫼르소는 글자 그대로 아웃사이더, 즉 사회에 동화되지 못하는 낯선 존재가 된다.(흥미롭게도, 영국에서 번역 출판된 이 작품의 제목은 〈아웃사이더 *The Outsider*〉이기도 하다.) 그럼에도 불구하고, 뫼르소가 처음으로 삶이란 가치 있는 것이며, 일정한 특성을 지닐 수 있다는 통찰을 얻게 되는 것은 바로 감방 안에 갇히고 나서다.

Chapter 3

: 줄거리 및 풀어보기 첫 번째 재판

  3장의 앞부분에서 뫼르소는 수감생활의 지루함에 대처할 수 있는 능력 때문에 사실 감방에 갇혀 보낸 11개월이 더디게 흘러간다는 생각을 할 수 없었다고 밝힌다. 그는 재판 날짜가 다가오면서, 다시 여름이 찾아왔다는 이야기도 덧붙인다. 그가 아랍인을 쏜 후로 거의 한 해가 지났던 것이다.

  뫼르소의 재판이 시작되던 날을 카뮈는 '찬란한 햇볕'으로 채색해 놓고 있다. 햇볕은 작품 전체를 통해 다양한 비유적 모습으로 묘사되지만, 이 특정한 날에는 '찬란한' 것으로 그려진다. 재판은 겨우 이틀이나 사흘 정도로 금방 끝나게 되리라고 뫼르소를 안심시킨 변호사의 이야기에서 또 다른 희망의 조짐을 읽을 수 있는 듯 보인다. 뫼르소 사건에 뒤이어 시간이 훨씬 더 걸리게 될 존속살인 사건 심리 때문에 별반 중요치 않게 취급 받고 있다는 것이다.

  뫼르소는 마음을 놓다시피 하고 있다. 법정에서 들려오는 소음이 음악회가 끝난 뒤 무도장으로 바꾸기 위해 정돈하는 작은 마을의 '친목모임'을 생각나게 한다며, 다시 놀이를 하고 있다는 느낌을 갖기 시작한다. 그는 한때 가장 고통스러운 박탈이었던 담배도 거절할 정도이고, 나아가서는 재판도 직접 참관할 수 있어 즐거운 마음으로 기대하고 있다. 그는 자신의 재판임에도 전혀 걱정하지 않고 있는 것처럼 보인다. 그는 지난 11개월 동안 자신의 세계를 지배한 법 집행 조직의 또 다른 장치를 직접 목격할 수 있다는 것에 훨씬 더 관심을 갖는다. 이런 재판 과정은 ─ 단 한 차례의 예를 예외로 한다면 ─ 법에 의해 지정된 신문자들 말고는 1년 가까이 찾아오는 사람도 없이 좁은 감방 안에서 기억과 잠, 그리고 체코슬로바키아의 살인 사건 기사가 실린 신문 조각을 가지고 수없이 재창조하면서 보낸 한 인간에게는 신기한 구경거리인 것이다.

　　하지만 일단 피고인석 안에 들어가자 법정 분위기는 변해 버린다. 비록 창문의 햇빛 가리개는 내려져 있지만, 그 사이로 빛이 뚫고 들어왔고, 특히 창문을 닫은 이후로는 방 안의 공기를 '숨이 턱턱 막힐 정도로 덥게' 만들어놓고 있다. 뫼르소는 맞은편에 앉아 있는 사람들의 얼굴을 쳐다본다. 전에 그는 재판을 '입회하는' 입장이 되리라고 여겨왔다. 이제 뫼르소는 증인들의 유리하거나 불리한 증언을 들으면서 배심원들과 얼굴을 마주한다. 하지만 죽은 아랍인과 마찬가지로 그들은 이름도 얼굴도 모르는 낯선 사람들이다. 그들은 그저 한 무리의 사람들일 뿐이다. 그는 그들이 이름과 사생활과 감정을 지닌 개인이란 사실을 인식하지 못하고 있다. 그는 그들의 시

선이 자신에게서 죄의 징후를 찾아내려는 것임을 깨닫고는 그것을 즐긴다. 그는 그 상황의 부조리와 그 상황이 지닌 희극에 가까운 면들을 구경거리로 내놓은 물건처럼 열심히 분석하는 낯선 사람들과 대면하고 있는 상황이 비현실적으로 느껴진다.

　　전에도 몇 번 그런 일이 있었듯, 더위가 심해지면서 그는 서서히 현기증을 느끼기 시작한다. 숱하게 많은 낯선 얼굴들의 관심의 초점이 되고 있는 상황을 견뎌내야만 한다고 생각하니 다시 한 번 시간은 참기 힘든 것이 되어버린다. 일찍이 뫼르소는 그처럼 관심의 초점이 되었던 적이 없다. 살인 사건 전의 그는 찬탄의 눈길이든 멸시의 눈길이든 다른 사람들이 한 번 더 쳐다보려 들지 않을 평범한 사람이었다. 무명인이라고 할 수 있는 그가 갑자기 대단히 중요한 인물이 된 것이다. 뫼르소의 왼편에 서 있는 경관은 법정을 가득 메울 정도로 방청객이 몰려든 것은 신문 탓이라고 설명한다. 그는 배심원석 바로 아래에 놓인 테이블에 죽 앉아 있는 기자들을 가리켜 보이기까지 한다. 기자들 가운데 하나는 그 경관과 아는 사람이었고, 둘은 악수를 했으며, 서로 친한 듯 보였는데, 나중에 뫼르소에게 행운을 빈다는 말을 하기도 한다. 뫼르소는 법정을 바라보면서 어쩌면 자신은 그곳에 있어서는 안 될 사람인 것 같다고 느낀다. 다른 사람들은 서로 인사를 건네며, 마치 한 클럽 회원이기라도 한 것처럼 보인다. 그는 혼자이고, 아웃사이더이자, 이방인이며, 그의 표현대로 '초대받지 못한 손님'인 것 같다는 사실이 불편하다.

　　뫼르소는 그 사건이 생각처럼 단순하지 않다는 사실을 깨닫게 되며, 독자는 법정을 메운 방청객들이 특히 뫼르소 사건에 대한 관심 때문에 모여든 것이라는 암시를 받게 된다. 뫼르소 옆에 있는 그 경관과 잘 아는 기자는 기삿거리도 찾기 힘들고 해서 신문기자들은 아버지 살해 사건에 대한 뉴스와 그것을 둘러싼 여담과 함께 뫼르소의 사건을 특집으로 다루고 있다고 말한다. 이처럼 신문으로 인해 사건에 대한 증폭이 이미 시작되었는데, 뫼르소는 자신의 이름과 아랍인 살해 사건이 신문기자들의 취재 대상이었다는 사실을 모르고 있었다. 두 가지 살인 사건에 대한 재판이 연이어 진행되는 것으로 일정이 잡혔기 때문에 공교롭게도 두 사건은 우스꽝스러운 호기심의 대상으로 뒤얽히게 된다. 어떤 기자는 부친살해 사건을 취재하기 위해 파리에서 오기까지 했는데, 뫼르소 사건의 취재 요청도 받았다는 사실이 알려진다.

아무 생각 없이 이런 내용을 말하는 뫼르소는 사람들이 자신과 자신의 재판에 대해 갖고 있는 관심을 이해하지 못하고 있다. 그는 파리에서 왔다는 기자에게 하마터면 자신의 재판에 시간을 내주어서 감사한다는 이야기를 할 뻔했을 정도였지만 멍청하게 들릴 것임을 깨닫고는 얼른 생각을 바꾼다. 다시 한 번 우호적으로 손을 흔들어 보인 그 기자는 동료 기자들에게로 돌아간다. 다시 서로 이야기를 주고받으며 웃는 기자들 모두 '대단히 편안해' 보인다. 뫼르소가 그들의 한가운데서 느끼는 고독감과 국외자이자 이방인이란 기분을 지적하기 위해 카뮈는 방청객들뿐만 아니라 기자들의 편안함과 동료의식을 강조하고 있는 것이다.

뫼르소는 법의 운용이나 재판 절차에 대한 규정 같은 것에 대해서는 잘 이해하지 못하고 감정을 드러내지 않은 채 자신을 주시하는 한 명의 기자만을 주로 의식하고 있기 때문에 재판 시작 부분에 대한 이야기는 간단하게 넘어간다.

이상한 공통의 유대관계로 연결된 사람들로 들어찬 법정에서 국외자라고 느끼는 뫼르소의 의식은 증인들의 이름이 호명되면서 사라진다. 레이몽, 마송, 살라마노, 양로원 문지기, 페레 영감(어머니와 가장 가깝게 지냈던 친구), 그리고 마리가 그 사람이 그 사람 같이 흐릿하게 보이는 방청객들 사이에서 천천히 모습을 드러내고 일어서서 한 줄로 옆문을 통해 방에서 나간다. 뫼르소가 늘 술을 마시고 식사를 했던 식당의 주인 셀레스트가 마지막으로 일어서서 나간다. 그 다음, 우연히 셀레스트 옆에 있는 여자를 보고 그는 잠시 놀란다. 그녀는 어느 날 저녁에 봤던 기계처럼 움직이던 여인이었던 것이다. 하지만 곧 재판이 시작되기 때문에 그 여자에 대해 깊이 생각해볼 시간이 없다. 일종의 냉소적 풍자로서 카뮈는 판사를 '일종의 심판'으로 묘사하는데, '놀이를 하려 들지 않기' 때문에 마침내 뫼르소에게 사형을 선고받게 되었다고 말했던 부분을 상기시키는 것이기도 하다. 판사는 양심에 따라 공평하게 판결하겠다고 선언한다. 우리가 알고 있듯, 죽음 혹은 살인에 대해 공평무사할 수 있는 사람은 아무도 없기 때문에 그 말은 헛소리에 지나지 않는다. 그는 이 사건이 '정의의 정신'에 입각해서 다뤄질 것이라며 말을 마치는데, 뫼르소 사건에 대한 재판에서 정의가 들어설 자리는 없을 것이기 때문에 이것 또한 역설적이다. 뫼르소에 대한 재판은 공평무사한 시각에서 검토되지도, 주장되지도, 혹은 판단되지도 않을 것이므로 선고되는 형량은 공평무사한 법의 판단의 결과가 아닌 것이다.

더위와 방청객들이 신문지로 부채질을 해대는 것, 그리고 세 명의 판사들이 짚으로 엮은 부채로 부채질을 하는 것에 대한 약간의 언급이 있고 난 후, 판사는 뫼르소에 대한 신문을 시작한다.

어린아이처럼 뫼르소는 신원과 죄의 상세한 부분에 대한 확인 질문에 대답하는 것에 막연하게 짜증스러움을 느끼다가 어쩌면 이것이 최선의 절차일 수도 있다는 판단을 내리기도 한다. 엉뚱한 사람이 재판을 받게 된다면 잘못된 일일 테니까. 이러한 천진난만함은 법의 심판이 시작되었다는 생각을 비웃는 것이 된다. 어떤 의미에서 본다면, 뫼르소는 자신의 잘못으로 재판을 받지만 엉뚱한 이유로 형을 선고받게 될 것이기 때문이다. 이 시점에서 그의 태도는 이전에도 여러 차례 그랬던 것처럼 이름과 장소들에 대해 진술하는 자신을 지켜보는 구경꾼과도 같다. 사실, 판사가 뫼르소에게 살인의 세세한 부분에 대해 질문을 하는 동안에조차도, 그는 변호사가 지시한 대로 '예, 그렇습니다'라고 대답하는, 또 다른 사람인 것처럼 여겨진다. 판사의 질문에 귀를 기울이는 대신, 뫼르소는 자신을 주시하는 가장 나이가 어려 보이는 기자와 자그마한 체구의 기계처럼 행동하던 여자에게 주의를 집중하고 있다.

의례적인 신문을 끝낸 판사는 이 사안과 관계가 없어 보일지 모르지만 대단히 관계가 깊을 수도 있는 문제에 대해 질문을 하겠다고 한다. 판사가 공평무사하게 이 문제를 다루겠다고 했던 말을 기억하자. 이렇게 해서 뫼르소는 어머니의 죽음과 관련된 '불쾌한' 문제에 관해 설명을 하게 된 것이다.

뫼르소는 어머니에 대한 질문에 아주 정직하게 답변한다. 그에게는 단순하기 짝이 없는 질문이다. 그는 어머니를 부양할 만한 돈이 없었기 때문에 어머니를 양로원에 보냈으며, 어머니나 자기는 이별에 특별히 마음 아파하거나 하지 않았고, '서로에게 많은 것을 기대하지 않았으며,' 그 밖의 다른 누구에 대해서도 기대하는 것이 없었다고 말한다. 따라서 떨어져 있는 새로운 상황에 대한 적응이 쉬웠다고 한다.

검사는 뫼르소의 단순한 설명이 끝나자 재빨리 그 기회를 이용한다. 뫼르소는 그 아랍인을 살해할 의도가 없었으며, 리볼버를 가지고 있었던 것은 우연이었을 뿐이라고 설명한다. 우리는 그 말이 사실이라는 것을 알고 있다. 왜냐하면 우리는 뫼르소의 1인칭 서술에 담긴 진실을 확신하고 있기 때문이다.

검사는 무기는 왜 가지고 있었으며, 샘으로 돌아간 이유는 무엇이냐고 묻는다. 뫼르소가 우연이라고 대답하자, 검사는 그만하겠다고 말한다. 검사와 잠시 이야기를 나눈 판사가 휴정을 선언한다.

생각할 겨를도 없이 재판정에서 끌려나와 호송차에 태워진 다음 교도소로 돌아와 점심식사를 먹어야 했던 것만큼이나 휴정 선언은 뫼르소를 당혹스럽게 만든다. 얼마 후 다시 재판정으로 돌아와 똑같은 얼굴들을 대면하고, 다시 재판을 시작하게 되자 그는 피곤함을 느낀다. 어떤 의미에서 이것은 뫼르소에게 징벌인 셈인데, 재판 절차로 피곤해지고 마음이 혼란스러워진 것 외에 더위도 더 심해졌기 때문이다. 뫼르소는 땀을 흘리면서 간신히 의식을 유지하고 있다. 이제 법정 안의 모든 사람들 — 그 젊은 기자와 기계처럼 행동하는 작은 여자 제외 — 은 부채질을 하고 있다.

　　뫼르소가 냉정한 인간이란 불리한 증거는 맨 처음 양로 원장에 의해 확인된다. 양로원장은 뫼르소의 어머니가 아들에 대해 불평을 했으며, 양로원에 넣은 것도 못마땅해 했다고 분명하게 말한다. 그러나 가까운 사람에 대해 불평하는 것은 노인들의 이상한 버릇이라고 덧붙인다. 뫼르소는 이 말이 배심원단에게 미치는 중요성을 인식하지 못한다. 그가 보기에 양로원장은 그런 답변을 할 자격을 갖추지 못한 사람이기 때문이다. 이러한 사실은 그의 허를 찌르거나 놀라게 하지 않는다.

　　하지만 양로원장은 뫼르소의 '냉정함'에 대해 설명하게 되자 당황한다. 일반적으로 냉정하다는 말은 긍정적인 의미가 포함되어 있다. 그러나 양로원장은 뫼르소가 보인 냉정함은 어머니의 시신을 보고 싶어하지도 않았고, 눈물도 흘리지 않았으며, 어머니의 나이도 모르더라고 설명하고, 그 말은 그를 파멸로 몰아넣고 만다. 판사는 정해진 절차에 따라 양로원장에게 그 진술이 뫼르소라는 죄수에 대한 것이 분명한지 확인할 것을 요구한다. 그것은 형식적인 질문이지만, 검사는 그 말을 듣고 기뻐한다. 뫼르소는 이제 감정이 없는 인간이자, 태연하게 살인을 저지를 수 있는 인간으로 한층 더 단단하게 고정되어버린다. 뫼르소는 검사의 얼굴에 승리의 표정이 번지는 것을 알아챈다. 그 자리에서 울음을 터뜨린다는 것은 멍청한

짓이 되겠지만, 그토록 심한 증오의 초점이 자신이라는 사실에 울음이라도 터뜨리고 싶은 심정이다. 그는 한 번도 다른 사람으로부터 증오의 대상이 되었던 적이 없다.

저주나 다름없는 양로원장의 증언에 이어 양로원 문지기는 뫼르소가 어머니의 시신을 보기를 거부했고, 담배를 피웠고, 잠을 잤고, 크림을 넣은 커피를 마시기까지 했다고 증언한다. 물론 뫼르소가 그런 행동을 한 것은 '유죄'다. 그것들은 진실이니까. 이 증언이 지닌 무서운 측면은 뫼르소가 유죄라고 느끼기 시작하고 있으며, 문지기에게 담배를 피우고 커피를 마신 것에 대한 진술을 되풀이해 달라는 요구가 있게 되면서, 자신이 엉뚱한 혐의로 기소된 것이란 사실을 한층 더 확연히 깨닫는다. 재판정 안은 분노의 열기로 채워진다. 혐의 사실대로 유죄라고 말할 수도 있겠지만 아랍인을 살해한 부분은 거의 건드리지도 않은 상태다. 이처럼 이제까지와 그날 나머지 시간 내내 재판의 초점은 어머니의 장례식이 있은 후 주말에 뫼르소가 한 행동에 맞춰진다.

문지기의 진술에 대해 뫼르소의 변호사가 함께 담배를 피운 것 아니냐고 질문하자 그는 당황하면서 '예의상 거절하기 힘들어' 받았다고 고백한다. 뫼르소가 담배를 권한 것이 사실이라고 확인해 주자 담배를 피웠다는 비난을 모면하게 된 것에 안도한 문지기는 뫼르소에게 커피를 권한 것은 자기라고 털어놓는다.

페레 영감의 진술은 뫼르소에게는 한층 더 큰 타격을 안긴다. 노인은 장지에서 기절까지 했었고, 뫼르소 어머니의 '가장 친한 친구'였기 때문에 장례식 날 너무 슬퍼서 아무것도 보지 못했다고 말한다. 그리고 변호사가 화를 내며 뫼르소가 눈물을 흘리는 것을 보지 못했느냐고 묻자, 그렇다고 대답했다.

　　셀레스트의 증언은 긍정적인 색조를 띠며 시작된다. 그는 뫼르소가 손님이자 친구라고 말한다. 뫼르소가 내성적이고 '숨기는' 경향이 있는지에 대하여 질문을 받게 되자, 뜸을 들이다가 검사를 지칭하는 듯 뫼르소는 '대다수 사람들과는 달리, 쓸데없는 이야기를 떠들어대지 않는' 사람이라고 답변한다. 뫼르소가 '음식 값을 떼어먹은 일도 없냐'는 질문에는 그건 '두 사람의 사사로운 문제'라며, 분명 친구를 도우려 애쓰고 있다. 살인에 대해서는 어떻게 생각하느냐는 질문을 받고는 뜻밖의 불행이라 어쩔 도리가 없다고 말한다. 판사가 나서서 이 재판이 바로 그러한 '불행'을 심판하는 것이라며, 그의 증언 청취를 종결한다.

　　마리의 증언은 검사에게는 절호의 기회가 된다. 검사는 마리와 뫼르소가 어머니의 장례식이 있고 난 바로 다음날 섹스를 했다는 사실을 끄집어낸다. 게다가 마리에게 그들이 수영을 하다가 만났으며, 섹스 전에 함께 영화를 보았다는 내용까지 털어놓도록 만든다. 그런 다음 마리가 그들이 본 영화가 '코미디'였다고 말하자 법정 안이 잠잠해졌다. 검사는 배심원단을 향해 이 남자는 자기 어머니의 장례식 바로 다음날 그런 세 가지 행위를 했다는 사실을 기억해 달라며 신문을 마친다.

갑자기 마리가 흐느끼면서 자기 증언이 사실이 아니며 뫼르소는 나쁜 일을 하지 않았다고 말하다가 정리에게 이끌려 나간다. 증언 청취는 계속된다. 마송이나 살라마노 영감의 증언에는 아무도 주의를 기울이지 않는다. 살라마노 역시 상황이 어쩔 수 없었다며 이해해 줄 것을 요청하지만, 마리의 눈물만큼이나 아무런 소용이 없다.

마지막 증인인 레이몽은 다짜고짜 뫼르소가 무죄라고 진술한다. 무모하고 경박한 레이몽 생테스가 너무 성급하게 항변을 한 것 같은 생각이 든다. 그는 뫼르소가 그 아랍인을 죽일 만한 동기가 없으며, 그에게 원한을 품고 있는 것은 자기이고 사건 당일 뫼르소가 거기 있었던 것은 '순전한 우연의 일치'라고 말한다. 이것은 사실이다. 그러나 검사는 뫼르소가 죽은 아랍인의 여동생에게 보낸 편지를 대필하게 된 경위에 대해 묻는다. 레이몽은 그저 그것도 우연이었을 뿐이라고 대답한다. 검사는 기회를 놓치지 않고 이 사건에는 '우연'과 '단순한 우연의 일치'가 너무도 큰 역할을 하는 게 아니냐며 반박한다. 예를 들면, 레이몽이 정부를 구타할 때 뫼르소는 제지하지 않았으며, 경찰에 출두해 거짓 진술을 했다는 점도 모두 우연이냐며, 뫼르소가 무죄라고 증언하는 이 남자는 여자들에게 매춘을 시켜 먹고 사는 남자로 잘 알려진 인물이라고 지적한다.

따라서 뫼르소는 그런 작자의 공범자요 친구였다. 무지막지한 싸움, 여자 관계, 그리고 어머니의 장례식 동안 보여준 삐뚤어진 '냉정함'에 꼼짝없이 몰리게 된다. 검사는 뫼르소를 흉악하기 짝이 없는 파렴치한으로 어머니의 죽음에 뒤이어 섹스를 즐겼고, 기둥서방질을 하는 친구의 사적인 원한을 갚기 위해 살인을 저지른 자라고 묘사한다.

뫼르소의 변호사가 피고인은 살인 혐의로 재판을 받는 것이지 친구들과의 관련성이나 어머니 장례식 동안에 일어난 일에 대해 재판을 받는 것이 아니라고 항변하자 재판정 여기저기서 킥킥대는 소리가 들린다. 검사가 재빨리 일어서서 언급된 두 가지 요소는 이 사건과 떼려야 뗄 수 없는 연관성을 가졌다고 강조한다. 뫼르소가 범죄자의 성향을 지녔다는 것이다. 뫼르소는 '이런 말들이 배심원단이나 방청객들에게 대단한 영향을 주는 것처럼 보였다'는 사실을 알아챈다.

뫼르소의 진술은 분명 진실이다. 왜냐하면 뫼르소가 커피를 마신 것이 양로원 문지기의 잘못이라면 그는 뫼르소의 인격에 대한 명예훼손죄가 성립되며, 검사 또한 그런 행위를 하려 든 것으로 봐야 하기 때문이다. 그리고 그 문지기가 유죄라면, 그 연장선상에서 뫼르소에게 편지 대필을 청한 레이몽도 유죄가 되고, 마리 역시 그 영화를 보러 가자고 제안했으므로 유죄가 된다. 그러나 그 각각의 경우에 뫼르소에게는 선택 기회가 있었다는 점을 기억하라. 그는 거절할 수도 있었다. 따라서 이제 자신의 행위에 책임을 지지 않을 수 없게 된 것이다. 그의 행동이 모범적이라고 규정할 수 없기에 검사는 뫼르소의 윤리의식을 논리적이긴 하지만 엉뚱한 이유로 비난하면서 이 점을 놓치지 않고 있다. 나중에 뫼르소는 남들처럼 하지 않았다는 이유로 괴물 같은 자란 딱지가 붙게 될 것이다. 말하자면, 검사는 '규칙에 따라 놀이를 하지' 않은 것을 뫼르소를 몰아붙이는 최고의 무기로 반복해서 멋지게 이용한다.

첫날의 재판이 끝나고 뫼르소는 무엇보다도 바깥에 찾아온 여름날 저녁의 냄새와 빛을 느꼈다. 그는 호송 트럭 안의 캄캄한 어둠 속에 앉아 그가 사랑했던 도시의 온갖 소음, 하루 가운데 만족감을 느꼈던 어떤 시간, 나른한 공기, 새들이 지저귀는 소리, 전차 소리 등을 하나씩 들을 수 있었다. 전에도 중요했지만 그가 가치를 두지 않았던 것들이다. 한때 그는 무의식적으로 삶에 만족하고 있었지만, 자신이 만족하고 있다는 사실이나 자신이 '살아가고 있다'는 사실에 대해서는 깨닫지 못했다. 겨우 이제야, 움직이고 있는 이 호송차란 감옥 안에서 자신이 — 영원히 — 빼앗기게 된 것이 무엇인지 알아차린다.

Chapter 4

사형선고를 받는 뫼르소

　카뮈는 뫼르소가 그럭저럭 수감 생활에 적응하고, 목숨이 달린 재판을 받게 되면서 서서히 서술하는 어투를 바꾼다. 제2부에서 뫼르소는 긍정적이거나 부정적으로 반응하거나, 혼자 힘으로 대답해야 하는 질문 또는 결정에 대해 혼란스러워했다. 여러 차례에 걸친 1인칭 서술은 뫼르소가 보이는 반응의 단순성에 초점을 맞췄다. 그러나 이제는 뫼르소도 자신의 내면에서 생겨난 초연함을 자각할 정도다. 그 점은 특히 3장에서 분명하게 나타났으며, 4장에서는 더 한층 강조된다.

　예를 들어, 뫼르소는 검사에 의해 철저하게 유죄로 만들어지고 있다는 것을 막연하게나마 감지하면서도 스스로 자신의 운명에 대해 새롭고 폭넓은 무관심을 내보이고 있다는 것을 깨닫는다. 그는 비록 자신에 대한 이야기가 오가는 것을 듣게 되는 죄수이지만 재판이 '재미있다'고 생각한다. 그는 관심의 중심이 되고 있으며, 때늦은 생각이겠지만 자신의 범죄보다 자기 자신에 대해 더 많은 이야기가 오간다는 생각을 한다. 카뮈가 여기서 사용하는 매우 억제된 표현은 소위 법정이란 장소에서 벌어지고 있는 일임을 확증한다. 뫼르소가 보기에는 변호사와 검사가 뫼르소의 인품에 대해 입씨름을 하고 난 다음에 결국 거의 같은 결론에 도달하게 된다는 사실은 부조리하다. 변호사는 두 팔을 높이 쳐들고는 정상 참작의 여지는 있으되 유죄란 식으로 주장하는 것이다.

보통의 상황에서라면 뫼르소는 별 말이 없는 사람이지만, 지금은 변호사의 변론에 덧붙여 뭔가를 더 말하고 싶은 생각이 간절하다. 그러나 말을 하지 말라는 변호사의 충고에 따라 지금 침묵을 지키고 있다. 뫼르소는 지금 자신이 재판에서 완전히 배제된 것처럼 보였고, 그의 운명은 본안과 거의 관련 없는 것들로 인해 결정되고 있는 것 같다.

뫼르소가 보는 재판의 매력이 조수와도 같이 썰물처럼 빠져나가고 있다. 항변을 하고자 열심히 귀를 기울이다가는 생각이 다른 곳을 흘러가버려 검사의 악의적인 목소리에 건성으로 귀를 기울일 뿐이다. 뫼르소는 검사의 동작과 공들인 말투를 의식하고는 있었지만, 이것조차 단편적인 순간순간에만 관심이 끌릴 뿐이다. 검사가 계속해서 배심원단에게 그 범죄는 미리 계획된 것이 분명하며, '음흉한 범죄자의 심리상태가 작용한 것'임을 입증하려고 애쓰는 동안 뫼르소는 조바심을 내며 기다리고 있다. 카뮈의 희극적 역설은 검사가 길게 늘어놓는 공격 속에 담겨 있다. 검사 쪽에서 보면, 범죄 사실은 '대낮처럼 환한' 것이 된다. 뫼르소가 총을 발사했을 때 대낮의 햇볕에 최면이라도 걸린 듯이 꼼짝할 수 없었다는 것을 상기해 보라. 하지만 태양 그 자체는 환한 것이 아니라 뫼르소의 심리상태로 인해 잔뜩 엉켜 있었다. 뫼르소의 범죄적 심리상태는 '이 사건의 어두운 면'이라고 할 수 있다는 검사의 말을 통해 카뮈가 보여주는 또 다른 역설적 필치에도 주목하라. 주지하다시피 태양은 실제로 그리고 비유적으로도 뫼르소의 시력을 빼앗아 일시적으로 볼 수 없게 만들었다. 햇볕이 너무 강해 흘러내린 땀이 눈으로 들어가 따끔거려 뫼르소의 눈이 캄캄해 그 아랍인이 흐릿하게 보였고, 얼마나 엄청난 일이 벌어졌는지도 알 수가 없었다. 그리고 제1부에서 뫼르소가 말하듯, 권총 방아쇠는 그저 '움직였던' 것이다. 뫼르소의 대낮은 태양 때문에 보이지 않게 되어 아랍인에게 첫 발을 쏘면서도 의식하지 못할 정도였다.

　　카뮈가 검사의 입을 통해 범죄 사실을 반복하게 만드는 것은, '태연하게 저지른 살인'이지만, '우연하게' 일어난 사건의 결과를 여러 차례 듣는 것이 그에게는 어떤 기분일지 독자의 지각을 증폭시켜준다. 검사는 기소사실에 대한 최종 논고임을 강조하면서, 그 범죄는 사전예비 능력이 있는 사람에 의해 자행되었다는 사실을 논리적으로 입증하기 위해 뫼르소의 교육 수준을 예로 든다. 뫼르소가 단순하고 성미가 급한 사람이었다면, 아랍인을 한 순간의 광기를 이기지 못해 살해했을 수도 있지만 이번 사건의 경우는 아니라고 말한다. 뫼르소는 아랍인을 향해 총을 발사할 당시 제정신이었고, 무슨 짓을 하고 있는지 너무도 잘 의식하고 있었다는 것이다. 우리는 이러한 주장이 사실과 다르다는 것을 알고 있다. 검사의 주장은 외견상 논리적으로 보이지만 사실과는 다르다. 뫼르소는 무슨 짓을 저지르고 있는지 전혀 의식하지 못했으며, 나중에 왜 그런 짓을 했는지 추론한다. 지금도 그는 왜 그 아랍인을 살해했는지, 특히 왜 추가로 네 발을 더 발사했는지 설명하지 못한다. 검사 쪽에서 볼 때, 네 발의 총탄은 살인을 철저하게 마무리하기 위한 소행이다. 이러한 주장에 대해 뫼르소는 검사의 말이 틀리다는 것을 알고 있다는 것 외에는, 달리 아무런 답변을 할 수가 없다.

뫼르소는 별반 가책이 느껴지지 않는다는 사실은 자인한다. 결국 자신이 쏜 자는 낯선 사람이고, 한 명의 아랍인일 뿐이었다. 게다가 검사는 뉘우치는 기색이 없다는 점을 지나칠 정도로 강조한다. 여기서 카뮈는 뫼르소를 현재 진행되는 사법적 절차에 귀 기울이고, 지켜보고, 자신의 의견을 말하며, 판결까지 내리는 판단자의 위치에 놓고 있다.

뫼르소는 우리에게 자신은 뉘우치는 것 같은 행위를 할 능력이 없는 사람이라고 말한다. 철학적으로 말하자면, 뉘우침의 정의에는 지나간 행동에 대한 재고와 심사숙고 같은 것이 포함되어야 하는데, 이러한 면들이 뫼르소의 내면에는 도대체 존재하지 않는다. 그는 순간을 사는 인간이며, 아주 가까운 미래, 그것도 쾌락이 포함된 미래만 생각한다. 그는 절대 과거를 돌아보거나 심사숙고하지 않으며, 이런 이유로 재판 과정 전체는 그에게 대단히 새로운 경험이다. 뫼르소는 검사가 묘사하는 자신의 과거를 참고 들어야 하고, 자신의 생각으로 그들이 말하는 자신의 과거를 판단해야 한다.

검사는 철저한 악한이다. 카뮈는 검사가 배심원단 앞을 뻐기는 듯한 걸음걸이로 오가면서, 뫼르소는 영혼이 없는 인간이 분명하고, 그렇다고 해서 비난하는 것은 잘못일 수 있으나 법이 그런 자에게 관용을 베풀지 않는 것은 논리적이고 올바른 일이라고 열변을 토하는 모습을 통해 그 점을 확실히 보여준다. 따라서 뫼르소는 사회 전체를 삼켜버릴 위협적인 존재가 된다. 그리고 비록 검사가 명시적으로 말하고 있지는 않지만, 논리적으로는 사회를 위해 그 위협의 원인은 제거 ― 화형, 처형, 참수 ― 되어야 한다는 결론에 도달할 수 있다.

카뮈는 이 장에서 교묘하게 검사가 과장된 논고를 통해 뫼르소를 비난하면서 다음에 심리할 사건이 부친살해란 점을 끊임없이 언급하도록 솜씨를 발휘한다. 검사는 배심원들의 의식 속에서 참작할 정황은 변명거리가 되지 않는다는 생각과 그 사례를 연결시키고 있다. 살인은 살인일 뿐이며, 처형은 살인자가 받게 될 정당한 대가라는 것이다. 아들이 아버지를 물리적으로 살해한 것을 아들이 어머니를 '윤리적으로' 살해한 것과 연결 짓기 위해 자리에 꼼짝없이 앉아 있는 배심원들을 괴롭히는 것이다.

검사는 재판장에게 사형선고를 청하면서, 자신이 사형을 구형하면서 이토록 마음이 홀가분하기는 처음이라고 덧붙인다. 따스한 마음이라고는 없는 뫼르소에게 전혀 양심의 가책을 느끼지 않으며, 신앙인으로서의 양심뿐만 아니라 신성한 의무를 따르고 있기 때문이란 것이다. 자신은 지금 인간적 감정이라고는 작은 '불똥'(또 다시 등장한 빛의 이미지)만큼도 없는 범죄자를 다루고 있다는 것이다.

뫼르소의 반응은 물리적인 것과 마음의 고뇌 두 가지 모두다. 검사가 자리에 앉자 뫼르소는 검사의 말에 상당히 압도되었다고 말하지만, 완전히 패배한 것은 아니다. 그는 더위로 끔찍한 고통을 받고 있다고 독자에게 말하고 나서 자신이 듣고 있던 이야기 때문에 놀랐다고 말한다.

뫼르소는 변론 기회가 주어지자 그 아랍인을 죽일 의도가 전혀 없었다고 간략하게 말한다. 검사의 장광설 이후여서 그의 변론과 검사의 비방이 뚜렷하게 대비된다. 뫼르소는 변론으로 그저 '태양 때문'이었다고만 말한다. 그게 전부다. 뫼르소는 자신이 너무 급하게 말했고, 말이 뒤섞여 나왔다고 덧붙인다. 법정에는 웃음이 일어났다. 사실 그의 말은 별반 중요하지 않다. 우리는 평결이 어떻게 나올지 잘 알고 있다.

재판은 휴정이 되었다가 다음날 속개되는데, 재판을 기다리면서 뫼르소가 무슨 생각을 했는지에 대한 아무런 암시도

없다. 다시 법정으로 끌려온 뫼르소는 달라진 것이 거의 없다. 배심원들은 여전히 얼굴에 부채질을 해대고 피고인 측의 변론은 끝없이 이어지는 것처럼 보인다. 뫼르소는 전처럼 자신의 운명을 결정하는 과정에서 벗어나 있다. 변호사가 그 살인과 정황에 대해 설명하다가 열중한 나머지 혼동을 일으켜 '내가 살인을 했습니다'라고 말하고 있다는 것을 깨닫는 순간은 뫼르소에게 특히 생생한 인상을 준다.

뫼르소는 변호사를 평가해 검사에 비해 솜씨가 훨씬 떨어진다는 것을 깨닫는다. 변호사는 재판의 쟁점에 대해 배심원들의 주의를 불러일으키지 못한다는 것이 확연히 드러난다. 뫼르소는 살인죄로 재판에 회부되었다. 어머니의 장례식에서 보였던 태도나 더더욱 마리나 레이몽과 함께했던 행동들 때문이 아닌 것이다. 게다가 뫼르소가 왜 권총을 소지하고 있었는지에 대해서는 아무런 이야기도 하지 않고, 왜 뫼르소가 아랍인을 쏘았는지 가장 손쉬운 설명을 해내지 못한다. 그 아랍인은 칼을 가지고 있었다. 첫 발은 정당방위로 발사한 것이었고, 뒤이은 네 발은 당황한 나머지 공포감 때문이었다. 이것은 절대적으로 이치에 맞고, 논리적이며, 충분한 설득력을 지니기 때문에 어쩌면 배심원들도 진술의 진실성을 받아들일 수 있을 것이다. 그러나 그러한 설명은 나오지도 않는다. 따라서 뫼르소의 변호사는 이따금씩, 특히 뫼르소의 영혼에 대한 검사의 주장을 반박하게 될 경우에 바보처럼 보인다.

실망스럽게도, 그가 다시 뫼르소의 어머니 이야기로 돌아간다. 이것은 수사학적(修辭學的) 모래 수렁이라고 할 수 있는데, 재판 전체를 집어삼킬 수도 있는 주제이고, 검사에 의해 이미 철저한 악평이 가해진 것이 아닌가. 변호사는 자랑스럽게 양로원은 아주 훌륭한 곳이며, 국가가 권장하고 재정적인 보조를 하는 기관이라고 말한다. 뫼르소의 영혼이 존재하는 것은 그가 어머니를 '정부가 운영하는' 양로원에 보내 부양할 정도로 너무 인간적인 면을 지니고 있기 때문이라는 그의 논리는 조리에 맞지 않는다.

때때로 뫼르소는 심리 내용을 더 이상 듣지 못하는 것처럼 보이기도 한다. 그 이유는 자신의 변호뿐만 아니라 자신의 행위에 대한 설명도 할 수 없기 때문이다. 그는 반복해서 한꺼번에 밀려드는 과거의 기억 때문에 토할 것 같은 느낌을 받는다. 뫼르소는 그 장면에 대해 철학적이 아닌 물리적 측면만을 기억한다. 여름날의 냄새, 저녁 하늘의 색깔, 마리의 옷에서 느껴지는 감촉, 그녀의 웃음소리 같은 것. 이러한 감각은 이제 허락되지 않는다. 뫼르소는 전에 한 번도 겪지 못했던 전체 세계가 사라져버린 듯한 느낌과 대면한다. 예전의 삶은 따스한 하늘, 수영, 섹스, 그리고 사소한 생각들로 이루어져 있었으며, 하루가 그 다음날로 이어지면서 기쁨을 얻는 현재의 순간들이 사라져버리면 끝이었다.

재판이 끝나자 뫼르소는 근거도 없는 빤한 거짓말을 하게 될 정도로 녹초가 된다. 변호사에게 변론이 훌륭했다고 말하는 것. 그는 이러한 거짓말이 약간 언짢기는 하지만, 너무 피곤해서 그 변론이 정말 '훌륭한' 것인지 판단할 수조차 없을 정도다. 역설적이게도, 우리는 잠시 뫼르소가 '놀이를 제대로 했는지'에 대해 생각해 보게 된다. 재판을 받는 동안 그가 울음을 터뜨리거나, 괴로움으로 두 손을 비틀어댔거나, 어떤 식으로건 감정이나 회한을 내보였더라면, 검사의 주장은 먹혀들지 않았을 텐데…

　　그는 이제 마리의 존재조차 감정을 움직일 수 없게 된 무감각한 상태에서 평결을 기다린다. 그는 심장이 '돌로 변해버린' 것 같은 느낌을 토로해, 독자들이 그가 정말로 따스한 마음이 없는 인간이란 얄궂은 긍정을 하도록 만든다.

　　그는 자신이 '어느 광장에서' 공개 참수형에 처해질 것이라는 이야기를 들은 법정 안의 사람들이 중요시한다는 감정을 감지했다며, '아예 아무것도 생각하지 않기로' 했다고 말한다. 우리는 그렇지 않다. 그럴 수가 없다. 우리는 그러한 평결의 정당성에 대해 계속 생각하고, 의문을 제기할 것이다.

Chapter 5

죽음을 앞두고

5장의 시작 부분에서 뫼르소가 감옥에 소속된 신부의 면회를 세 번째 거절했다는 이야기를 간략하게 하고 있다는 점에 주목하라. 그런 다음 그는 신부를 거절했을 때만큼이나 신속하게 그 주제를 집어치우고 희망에 대해 이야기한다. 죽음이 곧 닥쳐오리란 사실에도 불구하고 내면에는 희망의 요소가 존재하고 있었으며, 삶에 대한 희망과 죽음의 확실성 사이에 붙잡혀 있는 뫼르소의 생각은 황당무계하고 종잡을 수 없다. 그는 불가능한 것을 잡으려고 한다. 우연이 아닌 다른 이유에서라면, 자유란 가능해야 한다고 그는 생각한다.(그가 감옥에 들어와 있게 된 이유 가운데 가장 큰 것이 우연이라는 점을 기억하라.) 그는 — 단 한 번만이라도 — 탈옥에 관한 이야기를 읽었거나 최소한 처형당할 사람이 우연의 작용으로 생명을 건진 사례가 있는지 알아보았더라면 좋았을 것이라고 말한다. 하지만 그는 희망에 그리 오래 매달려 있을 수 없으며, 이 부분에서는 불확실과 희망이 서로 병치되면서 강조된다. 그는 탈옥 가능성을 상상하자마자, '꼼짝할 수 없이, 쥐덫에' 갇혀버린 사실과 직면하게 된다. 이 대조적인 감정이 썰물과 밀물처럼 들락거리는 것은 바다의 움직임을 연상시키지만, 물에 빠져 죽어가는 사람이 숨을 쉬려고 헐떡이는 것에 더 가깝다고 하겠다.

전에는 위안이 되었던 것들이 이제는 거의 그렇지 못하다. 앞서 뫼르소는 나무줄기 안에 갇혀 겨우 한 조각의 하늘만 볼 수 있는 상황을 상상했었다. 새로 옮겨온 감방에서는 사실상 하늘을 제외하고는 아무것도 볼 수 없지만, 상황은 변했다. 그가 받고 있는 징벌은 이제 단순한 투옥이 아니다. 이곳에서는 끝없는 징벌에 직면해야 하는 것이 아니라 매일 아침 참수형의 전주곡이랄 수 있는 교도관들의 발자국 소리를 듣게 되는 두려움에 대처해야만 한다. 알제의 감옥은 죄수들에게 언제 처형될 것인지 미리 통보해 주지 않는다. 뫼르소는 영원한 징벌에 적응할 기회를 빼앗긴 것이다.

희망이니 탈옥이니 하는 필사적인 순간들이 그 깊이를 잴 수 없는 마음속을 스치고 지나가지만, 수감생활과 처형은 평범한 사람이자 회사원이며 약간의 쾌락과 아무도 귀찮게 하지 않기를 바라는 마음 이외에는 인생에서 그다지 요구하는 것도 없었던 한 인간에게 닥친 엄연한 현실이다. 누구에게나 마찬가지겠지만, 죽음이 지닌 무(無)의 개념을 완전히 자각한다는 것은 뫼르소에게도 불가능한 일이다. 따라서 뫼르소는 상상의 나래를 펼치면서 위안을 구하기 위한 무제한의 자유를 자신에게 허락하게 된다. 예전 같았으면 상상은 아무 짝에도 쓸모없는 것이었다. 그의 삶은 무엇이든 주어진 순간에 직접 일어날 수 있는 것들로만 이루어져 있었다. 그러나 지금의 '현재'는 언제가 될지 모르지만 확실한 단두대로 끌려 나갈 어느 날 새벽을 기다리는 상황이기 때문에 견딜 수가 없고, 따라서 매 순간 다른 방식의 삶을 찾아내야만 한다.

그러나 뫼르소가 워낙 현실적인 사람이기 때문에 상상도 때로는 성공을 거두지 못할 때가 있다. 그는 자신의 참수형을 구경하려고 기다리는 군중들 머리 위로 높다랗게 솟아 있는 단두대의 계단을 당당하게 걸어 올라가는 모습을 낭만적으로 그려보지도 못한다. 이상하게도, 이 장에서 뫼르소는 어머니가 늘 하던 어떤 이야기를 기억해낸다. 그것은 오래된 철학적 훈계 같지만, 그는 늘 뭔가를 미리 생각하거나 나중에 곱씹어보는 일이 없이 살아왔기 때문에 어머니의 진부한 훈계를 떠올리는 것으로는 좀처럼 고통을 누그러뜨릴 수가 없다. 뫼르소는 자신이 느끼는 공포감의 정도를 가늠할 수 있는 것이 분명하다. 그는 죽는다는 생각에 겁을 먹었고, 혐오감을 느끼며, 동시에 그 공포감이 얼마나 부조리한 것인지도 깨닫고 있다. 인간은 결국 죽어도, 세상은 여전히 계속 유지된다. 그 누구건, 여러 사람이건, 그리고 틀림없이 뫼르소 없이도 여전히.

뫼르소가 감옥 소속의 신부와 만났을 때, 죄를 고백하고 기도와 위로의 말을 청하는 식으로 '놀이하기'를 거부하는

부분은 흥미롭다. 그러나 그는 상상 속에서는 우연과 가능성의 유희를 허락하는 동시에, 처형은 피할 수 없다는 것을 알기 때문에 애써 생각이 마음대로 흘러가는 것을 억제한다. 그러나 대안이 존재하는가? 어쩌면 그는 항소해 형을 면제받을 수도 있다. 그는 끊임없이 생각을 해서 자신을 지탱해 나간다. 자신의 생각을 억제할 능력이 있다면 마음의 평화라고 할 만한 어떤 것을 얻어낼 수도 있다.

　　그러나 마음의 평화는, 설사 얻어낸다고 할지라도 얼마 가지 못할 그런 것이다. 그의 생각은 너무도 빨리 익숙한 기쁨―마리―으로 돌아와 그녀가 살인범의 정부로 낙인찍히는 것에 대해 어떤 느낌일지 생각한다. 그녀는 사형수의 정부다. 그는 마리에 대해 궁금해 한다. 그녀는 지금 살아 있다. 만약 그녀가 죽는다면, 뫼르소에 대한 기억 또한 죽어 없어진다. 그리고 그녀가 죽고, 뫼르소가 죽으면 그는 완전히 잊혀질 것이다. 그에 대한 흔적은, 설사 그것이 기억에 지나지 않는다고 할지라도 절대 이 세상에 남아 있지 않을 것이다.

아무런 예고도 없이 감옥 소속 신부가 들어오자, 뫼르소는 분명 충격을 받는다. 방심하고 있다가 허를 찔린 셈이다. 옷을 벗고 있다가 갑작스럽게 방문을 받은 것이다. 보통 그는 무관심과 수동성, 혹은 물리적 행위라는 옷을 입고 있기 때문에 상처받기 쉬운 입장에 있게 된 것이다.

뫼르소는 신부는 온화하고 다정한 사람, 그리고 신부의 행동은 우호적이려고 애쓰는 것으로 묘사한다. 신부는 마지막 기도를 해주러 온 것이 아니라 순전히 친구로서 왔다고 말한다. 한동안 말 없이 감방 안이 조용해졌다. 신부는 눈과 무릎, 힘줄이 잔뜩 불거진 두 손을 바라보고 있다. 하도 오랫동안 그렇게 있어서 그는 신부가 있다는 사실조차 거의 잊고 있을 정도였다고 말한다. 뫼르소를 신문했던 예심판사처럼 신부도 신은 존재하지 않는다는 뫼르소의 말을 받아들일 수가 없다. 그가 온 것은 뫼르소가 의심하는 신의 존재는 너무도 확실한 것이고, 따라서 잘못된 생각임을 확신시켜주기 위해서란다. 신부는 지나치게 투철한 신앙과 신의 존재가 없다는 것의 진실 가능성에 대해 질문하자 뫼르소는 신부의 말이 옳을지도 모른다고 대답한다. 그러나 뫼르소는 신의 존재에 대한 토론에 관심이 없다는 것을 분명히 밝힌다.

신부는 뫼르소가 영적인 부분에 관심이 없는 것은 절망적인 현재 상황 때문에 생겨난 느낌 ─ 독자들이 보기엔 그럴 가능성이 전혀 없지만 ─ 이라며, 그 사실을 받아들이려고 하지 않는다. 뫼르소는 절망감이 아니라 두려움이라고 한다. 사실 신에 대한 이야기는 모두 죄악이니 범죄니 하는 것과 연관되기 때문에 정작 신에 대한 토론을 시작조차 하지 못한다. 비록 뫼르소는 유죄 판결을 받았지만, 단호하게 그 죄를 인정하지 않고 있다. 그리고 '모든 인간은 사형선고를 받고 있는 것이나 마찬가지'라는 신부의 말에서도 위안을 얻지 못한다. 뫼르소는 이 개념을 직접 생각해 본 적이 있으며, '죽음'과 '모든 인간'에 대해 철학적 설명을 하려 드는 것은 쓸데없는 일이라고 여긴다. 뫼르소는 신부가 갑자기 일어서서 단호한 눈길로 자신을 응시해도 겁먹지 않는다. 그는 이런 장난은 전에도 해 본 적이 있다고 말한다.

뫼르소는 신부가 내세를 믿지 않는 인간이 받게 될 고통에 대해 탄식하는 동안 딴 생각을 하고 있다. 그의 정신이 다시 현실로 돌아온 것은 신부가 흥분해서 뫼르소의 항소가 성공하리란 가능성을 떠들어대고 있을 때다. 뫼르소는 종교상의 죄를 범한 적이 없노라고 확신하고, 그 감방 안에서 신부가 무슨 볼일이 있는지 의아스럽다. 그는 범죄를 저질렀을 뿐, 죄를 범한 것이 아니며, 신이 정한 법에서 속인들의 문제가 뭐가 그리 중요하냐는 것이다. 그는 속세의 인간들이 정한 법을 어기는 죄를 지었을지는 모르나 종교상의 죄를 지은 것은 아니다. 뫼르소는 신부가 암시하는 것처럼 감방의 돌 벽에서 신의 얼굴을 상상해낼 수가 없다. 뫼르소는 단지 눈앞에 '욕망으로 달아오른 태양신과도 같은' 마리의 얼굴을 불러낼 수 있기를 바랄 뿐이다.

'온화하고, 다정한' 인간이었던 신부가 갑자기 광기를 띤 인간으로 변해 내세에 대한 굳건한 불신에 저항해서 홱 돌아서며 큰소리로 외쳐댄다.

이와 대조적으로 뫼르소는 침착하고 지루할 뿐이다. 물론 사람이면 이따금 내세라는 것에 대해 뭔가를 바랄 수도 있지만, 그런 바람은 시간낭비일 뿐이란 것을 알고 있다. 인간은 죽음이 지닌 영원한 무의 상태를 변화시킬 수 없다.

뫼르소는 신부에게 나가달라고 청했으나 나가지 않는다. 신부는 뫼르소에게서 틀림없이 영적인 것일 한 조각의 인간성 — 어떤 의미에서, 신부 자신은 힘들여 성취해냈다고 여기고 있는 것 — 을 쥐어짜내기로 작정하고 있다. 뫼르소의 상상력으로는 내세를 그려볼 수 있지만, 그것은 지상에서의 삶을 기억할 수 있는 내세일 뿐이다. 뫼르소에게 영적 존재는 정신으로 이루어져 있고, 영원 속에 거주하며, 한 가지 일을 하는 것이 아닌 한 절대 불가능한 것이다. 그 영적 존재는 인간이었을 전생의 육체적 삶이 주는 쾌락을 기억하는 것이어야 한다. 뫼르소에게는 공허한 영적 세계 속에서의 영적인 '현재의' 순간들이란 모두 쓸데없는 것이다. 활동적이고 육체적인 인간 뫼르소에게는 수영이나 섹스 같은 것들에 대한 지속적인 기억만이 유일하게 가능한 종류의 내세다.

　신부가 기도를 시작하자 이번에는 뫼르소가 고함을 지르고, 욕을 하고, 멱살을 움켜쥐고 흔들며, 광인처럼 변한다. 뫼르소는 필사적이 된다. 사형수 뫼르소에게는 남아 있는 잠깐 동안의 삶이 정말 귀중한데, 지금 이 순간에도 아버지라고 불리길 원하며 '아들'을 위해 기도해 주고 싶어하는 사내에 의해 징벌을 받고 있는 느낌이다. 뫼르소는 신부가 확신하는 믿음을 공격하면서 자신의 기쁨과 분노를 묘사한다. 신부가 지닌 영적 확신 가운데 그 어느 것도 여자의 머리카락 한 가닥만 한 값어치도 없다는 것이다. 이 순간 중요한 것은 뫼르소의 죽음이 확실하다는 점이다. 뫼르소는 신부의 멱살을 더 단단하게 움켜쥐면서 정신이 혼란스러워진다. 어찌나 격분해 있었던지 마침내는 서너 명의 교도관들이 달려들어 그를 신부에게서 떼어놓았을 정도다.

　밤이 깊어져 조용해지자 뫼르소는 잠을 이루지만, 해가 뜨기 전까지일 뿐이다. 그에게 홍수처럼 밀려든 것은 이승에서 마지막이 될 것 같은 냄새들과 소리들, 그리고 물리적 반응들이다. 증기선에서 내는 기적 소리는 자신의 익명성을 상기

시켜준다. 그 배에 타고 있는 누구도 뫼르소의 운명에 대해 알 까닭이 없고 개의치도 않을 것이다. 그리고 그것은 어머니가 죽음에 임박해서 보여주었던 알 수 없는 행동들을 이해할 수 있게 해주는 순간이기도 하다. 어머니는 마치 다시 젊어지기라도 한 것처럼 페레 영감이 보내는 관심에 기뻐하는 시시한 놀음에 빠져 계셨던 것이다. 페레 영감도 마찬가지다.

뫼르소는 어머니가 죽음에 항거했던 것이라고 깨닫는다. 어머니는 다시 시작하며 '놀이를 했던' 것이다. 뫼르소도 그럴 것이다. 마침내 그는 모든 것을 비운다. 모든 희망도 버린다. 그리고 자유로워진다. 그는 그 어떤 인간이나 신도 두려워하지 않고 혼자서 우주와 맞설 수 있게 된다. 우주가 보여주는 '자애로운 무관심'은 아무런 위협이 되지 못한다. 마침내 그는 자신의 무관심이 우주의 그것과 닮았다는 것을 깨닫고 그 무엇에도 도전할 수 있게 된다. 그는 편향된 배심원단에 의한 피해자라며 가엾게 여겨지지 않아도 된다. 그는 자신의 가치를 스스로 결정했고, 더 나아가 자신의 가치에 대해 전적으로 새로운 자각을 하게 되었다. 그는 자신의 무관심과 불신앙이 얼마나 깊이 사회에 혼란을 초래했을 것인지 알고 있다. 우리는 사회에서 살아가려면 '놀이를 해줘야' 한다. 그러나 그 놀이를 해주기 위해서는 우리 자신에게 절대적으로 진실해지거나, 양심에 따라 행동하는 것을 포기해야 한다. 사회는 다른 규칙에 따라 살아가고 있는 이방인이나 국외자를 포용할 만한 여유가 없는 곳이다. 사회는 복종을 요구한다. 뫼르소는 알제리 대중의 정서적 관습에 비굴하게 아첨하지 않는다. 진실은 그의 유일한 동반자이며, 어머니의 장례식에서 울지 않을 권리와 신을 믿는다고 고백하지 않을 권리를 지키면서 죽을 것이다. 사기행위인 눈물을 흘리려고 애쓰거나, 진실의 이름으로 신앙을 맹세하는 것이 무슨 소용이란 말인가?

뫼르소는 자신의 삶과 삶 자체가 지닌 부조리와 대면한다. 제1부에서는 자신의 현재 순간, 과거, 혹은 미래의 의미를 생각해 보지 않고 살았다. 그리고 욕망을 채웠거나, 흡족하거나, 혹은 지루하거나 어느 한 가지를 느꼈다. 그는 자신의 삶이 지닌 의미를 전혀 강조하지 않았다. 이제 그는 우주와 대부분의 세상이 뫼르소라는 인간의 운명에 대해 무관심하다는 것을 깨닫는다. 따라서 그는 부조리의 놀음을 하게 될 것이다. 설사 삶이 무의미하다는 것을 알게 된다 하더라도, 나름의 의미를 부여하면서 살 수 있는 동안까지 살 것이다. 다만 사형이 집행되는 날 구경꾼들이 증오의 함성을 지르며 맞아주었으면 하는 것뿐이다. 그 성난 군중들을 보면서 자기 삶의 의미를 가늠하게 될 것이다. 만약 그가 그토록 증오의 대상이며 그 성난 사람들에게 위협적인 존재였다면, 그는 자신을 두려워한 그들을 비웃어줄 수 있을 테니까. 그리고 자신이 그들에게 얼마나 철저하게 위협적인 존재인지를 측정함으로써, 자신이 지닌 중요성의 범주를 정할 수 있을 테니까. 뫼르소는 자신이 거부하는 것의 부조리를 즐기면서 죽는 것을 상상한다. 그의 피를 요구하며 고함을 질러대는 성난 군중은 자유롭지 못하다. 그들은 자신들의 존재에 대해 질문을 강요받은 적이 한 번도 없기 때문이다. 뫼르소가 받아들이기를 거부한 성속(聖俗)의 규칙들에 지배를 받으며 묶여 있는 것이다. 그는 그 어떤 것도—그 어떤 가치도—불변이거나 영원할 수 없다는 것을 깨닫는다. 그가 이전에 보여줬던 무관심은 침묵이었다. 이제는 분명하게 소리 내어 새로운 무관심의 정당성을 주장할 수 있으며, 이러한 통찰을 얻으면서 무아경과도 같은 마음의 평화를 얻는다.

인물분석
노트

뫼르소 **o**

마리 **o**

레이몽 **o**

○ 뫼르소

앞서 뫼르소를 분석하는 데 너무 많은 지면을 할애했기 때문에 단순한 추측 이상의 상세한 분석을 해낼 수 없을 것이다. 우선, 우리는 뫼르소가 자신에 대해 거짓말을 할 줄 모르고, 그가 살고 있는 사회가 요구하고 확신하는 행복 공식을 받아들일 수 없는 인물이란 점을 기억해야 한다. 그는 죽고 난 후의 내세 같은 것을 고대하려 들지 않으며, 종교를 자신이 죽어야 한다는 사실을 직시하지 않기 위한 도구로 이용하려 들지도 않는다. 그는 어머니의 죽음을 침착하게 받아들이는 것도 위장하지 않는다. 그는 자기 스스로의 것 이외의 모든 판단에 저항한다. 그는 자신을 심문하는 판사나 검사들의 위선적인 회개 놀음에도 동조하지 않는다.

아마도 뫼르소를 이해하는 가장 좋은 방법은 카뮈가 이 인물에 대해 한 말을 인용하는 것일 수 있다.

"내게 뫼르소는 가엾고 벌거벗은 것과도 같은 인물로서, 어둠을 몰아내는 태양과 사랑에 빠진 남자다. 그는 감수성이 아예 없는 것과는 거리가 먼데, 그 이유는 암묵적이기에 심원한 열정이자, 절대적인 것과 진실에 대한 열정에 의해 활기를 띠기 때문이다. 그것은 여전히 부정적 진실이며 존재와 느낌의 진실이지만, 그것 없이는 자기 혹은 세상의 정복이 가능하지 않을 그러한 진실이다." 그게 바로 소설의 맨 마지막까지 '뫼르소가 대답은 하지만 절대 질문은 하지 않는 사람이며, 그의 모든 대답은 그 진실을 바라봐야 하는 것을 참아낼 수 없는 사회가 그토록 놀라게 되는 그런 대답'인 이유다.

○ 마리

마리의 성격에 대해 우리가 갖고 있는 얼마 안 되는 단서들은 뫼르소에게서 나오는 것이다. 그는 자신이나 다른 사람들에 대해 분석하는 인물이 아니기 때문에 마리가 기본적으로 그리 복잡하지 않은 중류 계급의 젊은 여성 정도로 보는 것 이외에는 별반 알아낼 수 있는 내용이 없다. 그녀는 결혼과 아이들을 원하며, 어쩌다 만난 사람과의 섹스, 수영, 영화구경, 해변 소풍을 즐긴다. 그녀는 뫼르소가 체포되자 놀라고 겁에 질린다. 우리는 그녀가 살아오면서 그 같은 극적 상황에 맞닥뜨렸던 적이 없는 것으로 추측할 수 있다. 뫼르소처럼 그녀도 별반 중요하다고 할 수 없는 직업을 가지고 있었다. 타이피스트였으니까. 그녀가 뫼르소에게 끌린 것은, 여러 가지 좋아하는 것이 뫼르소와 같았고, 그가 평범한 사람들과는 약간 '다른' 점이 있기 때문이다. 뫼르소가 결혼에 동의하자 마리는 행복해 한다. 뫼르소는 어쩌면 괜찮은 남편감이다. 아마도 꾸준히 직장에 다니면서, 그녀가 살림 걱정을 하지 않도록 월급을 가져다줄 사람이다. 마리 역시 뫼르소처럼 삶이나 다른 사람에게 그리 많은 것을 요구하지 않는다.

비록 뫼르소가 결혼을 약속하는 상대지만, 마리는 이 소설의 주변을 떠도는 인물이다. 하지만 우리는 그녀가 뫼르소와의 파리 생활에 큰 희망을 품었다는 사실을 기억해야 한다. 그녀는 뫼르소보다 훨씬 더 낭만적이다. 그녀는 백일몽을 품고 있으며, 우리가 보았던 그 어느 때보다도 더 행복하다. 뫼르소가 체포되어 사형을 선고받으면서 그녀의 꿈 또한 사라져 버린다. 나중에 그녀는 뫼르소의 자기반성 속에서 점점 희미해지다가 멀어져 일상적인 삶, 틀에 박힌 일상 속으로 사라져 버린다.

○ 레이몽

사건 속에서 레이몽을 보기 전부터 우리는 그의 성격에 대해 많은 부분을 추론할 수 있다. 작은 키에 딱 벌어진 체구, 맞아서 내려앉은 콧대. 그는 화려한 옷을 입지만, 방은 지저분하고 벽은 여자들의 나체 사진으로 뒤덮여 있다. 기둥서방 노릇을 하고 다닌다는 소문 따위에 크게 개의치 않는다. 뫼르소와 마송을 제외하면 그의 친구들은 대부분 기둥서방질을 하는 자들이다. 그는 대개 폭력을 통해 자기확신을 얻고자 하며, 그런 점에서는 이러한 남성적 태도가 불안감을 가리기 위한 허세임을 알 수 있다. 강인한 척 거들먹거리지만 머리는 그다지 좋지 않아서 뫼르소조차 그러한 허세를 간파하고 있다는 사실을 깨닫지 못할 정도다. 그는 아랍인의 칼에 부상을 당했을 때

신체적인 상해보다 굴욕감에 더 상처를 받는다. 뫼르소와 친한 친구는 아니다. 뫼르소는 와인과 음식을 함께 먹고, 레이몽이 최근에 겪었던 위기에 대해 떠들어대는 것을 들어주면서, 저녁 시간을 함께 보낸다는 것에 반대하지 않았을 뿐이다. 그럼에도 불구하고, 뫼르소는 해변에 가지 않았더라면 레이몽이 저질렀을 수도 있는 범죄로 재판정에 선다.

Review

다음 질문에 간단히 답하시오.

1. 뫼르소는 알제리에 거주하는 프랑스인이다. 이러한 사실은 작품에서 어떤 중요성을 갖는가?

2. 뫼르소의 반응과 그가 받게 되는 인상을 자세히 설명하면서, 뫼르소 어머니의 경야와 장례식에 대한 부분을 설명하라.

3. 이 작품에서 태양은 복잡한 상징이다. 클라이맥스 부분의 살인 장면에서 태양의 역할에 특히 주목하면서, 이것이 지니는 두 가지 역할에 대해 설명하라.

4. 〈이방인〉에서 카뮈가 사용하고 있는 문학적 스타일에 대해 서술하라.

5. 카뮈는 이 작품에서 인과관계를 어떤 방식으로 이용하는가?

6. 카뮈의 부조리 철학이라는 면에서 본다면, 감옥은 어떤 중요성을 가지고 있는가?

7. 왜 뫼르소는 바다에 그토록 높은 가치를 부여하는가? 바다는 그에게 어떤 의미를 지니는가?

8. 당신이라면 뫼르소를 어떤 식으로 변호하겠는가?

9. 예심판사가 지닌 법관으로서의 성격과 신부가 지닌 종교적 성격을 비교해 보라.

10. 뫼르소가 기계처럼 행동하는 여자에 대해 가지고 있는 관심을 그의 스크랩북과 연관 지어 설명해 보라. 그 여자에 대한 뫼르소의 관심

은 우리가 그를 더 많이 이해하는 데 어떤 도움을 주는가?

11. 작품의 후반부에서 희망은 어떤 역할을 하는가?

12. 내세라는 것에 대해 뫼르소가 지닌 생각은 어떤 것인가?

13. 재판이 진행되고 사형선고가 내려지는 과정에서 뫼르소에게 허용되었던 공정성은 어느 정도였는지 평가하라.

14. 뫼르소에 대한 재판이 이루어지는 동안, 감성과 이성 두 가지 중에서 어느 것이 더 큰 역할을 하는가? 각각은 어떤 방식으로 활용되는가?

15. 신문과 수감생활 동안 뫼르소가 보여주는 수동적 태도에 대해 논의하라.

16. 뫼르소가 진정으로 반항적 태도를 보인 순간에 대해 기술하라.

17. 뫼르소는 사랑할 수 있는 능력을 가졌다고 생각하는가?

18. 뫼르소는 그 어떤 선택도 하지 않는 사람으로 그려지는 경우가 많다. 그럼에도 불구하고 단 하나의 대단히 중요한 선택을 한다. 그게 무엇인가?

19. 뫼르소가 사회에 대해 가지고 있는 견해를 사회가 뫼르소에게 기대하는 것과 비교해 보라.

20. 〈시시포스의 신화〉는 어떤 방식으로 〈이방인〉이 지니고 있는 의미를 탐구·확장하고 있는가?

권 말 부 록

一以貫之
논술노트

이방인, '다시-태어남'의 문턱　●

실전 연습문제　●

一以貫之는 '논어'에 나오는 말로 '모든 것을 하나의 이치로 꿴다'는 뜻입니다.

논술의 주제와 문제 유형, 제시문들은 참으로 다양하고 가지각색입니다. 그러나 그 모든 것을 하나로 꿸 수 있습니다. '인간사회의 보편적 문제들에 대한 근원적인 물음에 답하는 자기 나름의 견해'라는 것이지요. 논술은 인간이면 누구나 부딪히는 개인적 또는 사회적 문제들에 대한 자기 나름의 고민이자 성찰입니다. 논술은 자기견해, 자기 가치관, 자기 삶에 대한 솔직한 고백입니다.

一以貫之 논술연구모임은 '자신의 물음'과 '자신의 생각'을 갖고 '자신의 글'을 쓸 수 있도록 도와줍니다.

〈집필진〉
전경훈, 우한기, 이호곤, 박규현, 김법성, 김재년, 김병학, 도승활, 백일, 우효기, 조형진

이방인, '다시-태어남'의 문턱

얼쩡거리기: 문 앞에 서서 — 긴 노크

〈이방인〉을 얼쩡거리려 합니다. 얼쩡거리기. 〈이방인〉에 관해 두 차례의 글을 쓴 것 같습니다만, 이번만큼 어려웠던 적은 없었던 것 같습니다. 어쩌면 책 읽기가 고스란히 나 읽기가 되어버린 상황이었기 때문일 겁니다. 나 또한 어느덧 고정된 하나의 세계-안에서 인식하고 행위하고 발언하는 존재가 되어버렸음을 자각하게 되었기 때문이기도 하지요. 〈이방인〉에 관한 일생의 세 번째 글을 쓰게 된 두어 달의 시간들을 살면서 줄거리고 뭐고 다 달아나 버렸음을 고백합니다. 대신 삶의 구석구석 뫼르소의 말과 표정들이 속삭였습니다. 눈을 뜨고 길을 걷다가 문득, 잠을 자다가 벌떡 일어나 문득, 친구들과 이야기하는 와중에 문득, 그렇게 문득문득 두어 달을 뫼르소의 유령이 제 삶의 주변을 얼쩡거리면서 괴롭혔던 듯합니다. 혹은 제 삶이 〈이방인〉을 중심으로 그렇게 얼쩡거렸는지도 모를 일입니다. 그러나 우리가 〈이방인〉을 꼭 읽어야 한다면, 그 속에 무엇인가가 있기 때문일 터입니다. 우리 삶을 되돌아보고, 우리 삶을 건강하게 하고 살찌우는 그 무엇인가가 있기 때문일 겁니다. 〈이방인〉을 얼쩡거리는 시간은 그래서 고스란히 괴로운 것만은 아님도 고백합니다. 〈이방인〉이 아니었다면 엄

두도 내지 못할 두려운 질문들, 꺼내보기 두려운 괴로움과 상처들을 나는 〈이방인〉을 통해 보았다고 고백합니다.

그래서 세 번째 글은, 그렇게 천천히 나를 보았던 기록입니다. 그렇게 얼쩡거리면서 나를 되돌아본 계기들입니다. 이 글을 읽으면서 친구들도 더불어 얼쩡거리게 될 터입니다. 얼쩡거림 속에서 글을 읽는 친구들이 이방인 뫼르소의 표정을 떠올릴 수 있기를 바랍니다. 제가 떠올렸던 뫼르소의 표정과는 다른, 각자가 스스로의 이방인을 떠올릴 수 있기를 바랍니다.

인간으로서 살아 있음

산다는 것은 '문을 열고 들어감'입니다. 우리의 '살이'는 '문-엶'과 '문-넘음'의 연속입니다. 판도라의 상자에서처럼 인간이란 누구나 문 앞에 서고, 문 뒤를 상상하면서 문턱을 넘어 '문-넘음'을 하며 살아갑니다. 문턱을 넘고 나면, 우리는 다시 문 뒤로 뒷걸음질 칠 수 없습니다. 설사 문 뒤로 뒷걸음질 친다 해도, 이미 문턱을 넘어버렸다는 사실을 되돌릴 수는 없습니다. 우리네 삶은 한 번 흘러간 문-넘음을 영화 필름처럼 되돌릴 수도 없고 자르거나 삭제할 수도 없습니다. 따라서 인간의 삶이란 그 자체로 비극적(이것과 저것 중에 무엇인가를 선택해야 하며, 모든 선택은 문 뒤에 펼쳐진 삶의 시간을 위한 토양입니다. 그렇게 돌이킬 수 없는 시간이 바로 모든 비극의 뼈대를 이룹니다.)인 것입니다. 되돌릴 수 없음, 혹은 돌이킬 수 없는 시간의 문턱을 스스로가 의식하건 의식하지 않건 우린 매순간 넘고 있는 셈입니다. 그러기에 누구나 최선을 다해 문 뒤를 상상합니다. 문 뒤에 좋은 것이 있는가, 나쁜 것이 있는가. 판도라에게 보내진 상자를 둘러싸고 에피메테우스(뒤에-생각하는 자)와 프로메테우스(미리-생각하는 자)가 함께 있었던 것처럼, 우리는 매 순간 문턱에서 과거에 기대어 생각하거나 미래를 예측하면서 그렇게 이 문 혹은 저 문을 앞에 두고 있습니다.

인간의 삶이란 그렇게 순간의 문턱 위에 놓여 있습니다. 문턱과 문턱은 거부할 수 없는 삶의 시간들과 함께 마디를 이루고 한 삶의 역사를 이룹니다. 우리의 삶은 그래서 파도 앞에 선 삶으로 비유되기도 합니다. 수많은 마디들의 마루와 골이 우리의 발 앞에 달려듭니다. 어떤 문턱을 지나면 우리는 물이랑의 마루를 타고 비상하는 삶을 살기도 하고, 또 어떤 문턱을 넘어서는 끝도 알 수 없는 깊이의 골로 추락하기도 합니다. 사랑과 상실, 성공과 실패, 희망과 절망이 순간의 문턱 너머에서 펼쳐집니다. 그래서 인간은 문턱 위에서 서성거립니다. 되돌릴 수 없기 때문에, 그 뒤에 펼쳐진 삶의 시간이 마루나 골 어디로 이어질지 모르기 때문에, 그리고 마루와 골은 이 문턱 위의 선택에 의해 결정될 것이기 때문에 더더욱 그러합니다. 그러나 인간은 그렇게 문턱 위에서 미치도록 방황하고 서성거릴지언정, 문턱들이 이어진 삶을 부정할 수는 없습니다. 문턱을 지나야 합니다. 미치도록 괴롭고 힘든 선택이라 할지라도 인간은 그 문턱을 지나야만 삶을 살아갈 수 있습니다. 설사 잘 못된 문턱 위의 선택이라 하더라도 우리는 되돌아보며 웃거나 울거나 할 수 있을 뿐입니다.

그것이 인간으로서 '살아 있음'입니다. 굴러다니는 돌 멩이와 사자는 제 존재의 시간을 문턱들로서 경험하지 않습니다. 돌멩이는 순간순간 제 '지금-여기'의 시간 너머 미래를 향해 스스로를 던지지 못하거니와, 사자 또한 본능이 아닌 다른 선택을 할 수 없습니다. 최소한 지구라는 별 위에서 인간만이 제 삶의 시간을 문턱 위에서 선택으로 경험합니다. 〈레미제라블〉의 장발장이 그렇듯 인간은 배고픔의 순간에도 그저 눈앞에 펼쳐진 배고픔의 대상을 향해 동물처럼 달려들지 않습니다. 또한 조각가에게 맡겨진 돌멩이처럼 제 존재의 꼴과 시간을 제 아닌 것들의 힘에 의탁하지도 않습니다. 그렇게 미치도록 서성거리고 방황하는 삶의 문턱들에서 우리는 나의 '삶'의 시간을 경험합니다.

책 열기-문턱 열기: 삶의 결은 거칠다

매 순간의 문턱에서 그렇게 우리는 최선을 다해 '생각' 합니다. 허나 인간의 '생각'하기가 지닌 한계는 서성거려야 할 문턱임에도 '당연'하게 지나치게 합니다. 당연하게 지나친 삶의 결은 반듯하고 편편한 모양새를 이룹니다. 문턱은 갈라짐의 길목이기도 합니다. 갈라짐의 길목은 한 사람의 삶에서 서성거림과 방황의 시간입니다. 서성거림과 방황의 시간에서 우리는 '나'를 경험하며 최선을 다해 보다 더 좋은 삶의 시간을 위해 고민합니다. 그러한 고민이 설사 미칠 것 같은 답답함으로 우리를 엄습한다 하더라도 우리는 문턱을 부정하거나 포기할 수는 없습니다. 인간에게 삶의 시간, 그 결이란 갈라짐의 길목에서 펼쳐진 고민에 서성거리고 방황으로 덜커덕거립니다. 때문에 우리네 '인간으로서 살아 있음'의 결은 거칩니다. 하지만 오늘날의 시대는 빠름과 효율성 있는 목표에 대한 탐닉을 선호합니다. 시대의 문화가 각자의 삶에 놓인 문턱을 대패 문지르듯 깎아내버립니다. 이 시대가 서성거림과 방황의 시간을 허용하지 않는 것은 한편으로 모든 이의 삶을 덜컥거리는 문턱 없이 평면화하는 결과를 낳기도 합니다. 각자가 스스로 제 삶의 시간에 대패질하는 꼴이 경쟁적으로 벌어지는 오늘날은 그래서 평면인들의 시대이기도 합니다. 제 삶의 시간에 자랄 수 있는 생명들은 잘 닦인 제 삶의 아스팔트 고속도로 밑에서 잡풀이 되어 숨도 쉬지 못하고, 사람들은 편편히 잠에 빠져 목적지에 도달할 궁리에 열심입니다.

　　우리는 흔히 책 읽기가 '생각'하는 데 도움을 준다고 말합니다. 그리고 생각은 사는 데 도움을 준다고 말합니다. 생각하는 데 도움을 준다는 말은 문턱에서의 서성거림에 도움을 준다는 말이거니와 한편으론 문턱으로 삼지 못했던 시간에 문턱을 만들어내고 생각해 보게 한다는 말입니다. 그러므로 삶의 결을 편편하게 하려는 사람에게 책은 도움이 되지 않습니다.(물론 요즘 서점가를 장악한다고 하는 수많은 실용서들은 예외로 해야겠군요.) 책 읽기는 도리어 문턱을 만들어내고 그것을 더욱더 거칠게 합니다. 잘 닦인 아스팔트 위에 거친 턱을 만들고 잠에서 깨어나게 합니다. 덜커덕! 사람들은 좋은 책을 읽을 때, 다른 삶의 시간을 경험합니다. 그런 다른 삶의 시간 경험이 책 읽기이고 때문에 책 읽기는 여행을 참 많이 닮았습니다. 삶이 문턱을 지나 낯선 시간 속으로 들어감인 것처럼, 책 읽기는 우리에게 하나의 문턱을 지나게 하고 낯선 시간으로의 여행을 허락합니다.

〈이방인〉은 여행이다

　여기, 〈이방인〉도 그렇게 여행입니다. 전 〈이방인〉을 좋아하는 만큼 여행을 좋아합니다. 어떤 날은 온종일 방안을 뒹굴며 음악을 듣다가 옛 기억의 노트와 책들을 보기도 하고, 어떤 날은 집을 나서 도심이며 재래시장, 강가를 산책하기도 합니다. 더 멀리 가는 날도 있습니다. 도시를 벗어나 바다로, 온종일 하품과 개 짖는 소리, 농기구 소리밖에는 들리지 않는 한적한 농촌 마을이나 뱃소리와 바다 소리밖에는 들리지 않는 어촌 마을에 가끔 닿기도 합니다. 좋은 여행은 새삼 놀라움을 불러일으키기 때문입니다. 놀라움은 내 안에서 일어나는 것이지만, 내 밖의 세상과 마주치지 않는다면 불가능한 것이지요. 아리스토텔레스는 사람들의 지혜 ─ 삶의 기술 ─ 가 탄생하는 계기를 놀라움에서 찾습니다. 놀라움은 낯설음과의 대면이고, 여행은 그러한 낯설음과의 대면 길입니다. 또한 그것은 덜커덕거리는 느낌이기도 하구요. 〈이방인〉은 여행입니다. 덜커덕 뒤에 오는 새로운 삶의 기술, 지혜를 열어 보여주는 여행입니다. 누구나 여행길에서는 이방인이면서 낯선 것을 통해 삶을 배우듯, 〈이방인〉은 모두에게 감히 그렇게 여행입니다.

더불어, 〈이방인〉의 뫼르소는 어떤 의미에서 물음표이며, 낯설음의 느낌 자체입니다. 뫼르소는 친숙한 세계-안에 머무른 우리네의 모든 것에 물음표를 던집니다. 심지어 살인이라는 가장 극악한 죄에 대해서도 묻고, 사랑이라는 가장 선한 덕에 대해서도 묻습니다. 우리가 거주하는 세계-안에서 그렇게 친숙하게 의미를 갖던 죄와 덕을 뫼르소는 낯설어 합니다. 그리고 그 낯설음에서 뫼르소를 징벌하는 '우리의 세계'에 물음표를 던집니다. 날것 그대로의 세계를 우리의 세계는 바로 보고 있는지에 대해서 묻습니다. 그래서 〈이방인〉은 새로운 삶의 기술로서 지혜, 새로운 세계를 향한 물음표이자 계기입니다.

〈이방인〉은 경계다: 우리는 세계-안에 산다

우리는 누구나 한 세계를 살아갑니다. 한 세계-안에서

우리는 의미를 부여하며 살아갑니다. 스스로를 학생이나 남자 혹은 여자로서 의미부여를 하고, 자기 밖의 세계에 대해 특정한 의미를 부여하며 살아갑니다. 때문에 어떤 측면에서 세계란 우리가 부여한 의미들의 총체입니다. 아침에 눈을 뜨면 우리는 내가 어제까지 살았던 세계에서 눈을 뜨고, 그 세계에서 내가 어떤 존재인지, 어디로 가야 하고 무엇을 해야 하는지를 어렴풋하게나마 전제하고 살아갑니다. 누구의 삶도 그러한 세계에 대한 이해 없이는 이루어질 수 없습니다. 간혹 기억상실증에 걸린 사람들은 그런 의미에서 이전까지 살던 세계가 무너진 사람입니다. 따라서 그들은 기억만을 상실한 것이 아니라, 자신의 세계와 그 세계 속에서 자신의 존재 의미마저도 상실한 사람입니다.

우리는 그렇게 세계-안을 살아갑니다. 누구도 타인과 똑같은 세계를 살지 않고, 또한 사람의 세계가 태어나는 순간부터 죽는 순간까지 일치하지도 않습니다. 문화와 언어, 지역과 자연환경, 계급과 계층, 성별에 따라 사람들마다의 세계가 다릅니다. 또한 남녀 간의 세계뿐만 아니라 유치원 때의 세계와 고등학교 때의 세계와 결혼한 이후의 세계는 또 다름을 우리는 경험합니다. 따라서 우리가 오늘날 경험하는 수많은 의견충돌이란 다른 것이 아니라 세계의 충돌이기도 합니다. 인간에게 완벽하게 하나의 세계란 있을 수 없으며, 절대적으로 당연한 세계도 있을 수 없습니다. '다만 그러한 의미'가 우리가 '지금-여기'에서 사는 세계일 뿐입니다. 우리는 그러한 방식으로 낯익은 세계-안에서 낯선 세계를 끊임없이 만납니다. 날것으로 출렁이는 깊이를 알 수 없는 심연의 세계를 우리는 낯익은 세계의 의미망을 통해 건져 올립니다. 그래서 우리가 넘는 문턱 너머 세계는 사실은 언제나 낯선 것이어야 함에도 낯익은 것입니다. 어제의 세계는 오늘과 내일의 세계이고, 어제의 나는 오늘과 내일의 나입니다. 인간은 그렇게 세계라는 단단한 껍질 속에서 태어나고 살아갑니다.

모든 세계는 상실한다

세계는 그렇게 낯익은 의미들의 총체입니다. 우리는 그 의미망 안에 거주하면서 하루하루 의미들을 실천합니다. 학생으로 살고, 학교를 가고, 펜을 쓰고, 선생님에게 배우는 행위가 바로 그러한 의미들의 실천입니다. 하지만 우리는 나면서부터, 혹은 본래적으로 그러한 앎과 행위를 하도록 결정되지는 않았습니다. 〈이방인〉의 가장 근저에 놓인 물음이 바로 여기에 놓여 있습니다. 어머니, 사랑과 우정, 선과 악… 등, 우리네 앎과 실천 그 무엇도 당연히 그러한 것은 없습니다. 그러나 우리네의 일상적 물음들은 거기에 도달하지 못합니다. 우리는 그저 이미 정해진 낯익은 의미의 세계-안에서 하루하루를 살아갑니다. 이것은 이것이어야만 하고, 저것은 저러해야만 하고, 나는 이렇게 해야만 하고…. 마치 모든 사물과 사건, 행위들이 달리 의미가 부여될 수 없이 본래 그러해야만 하는 것처럼 우리는 일상을 살아갑니다.

　그러나 낯익은 의미, 그것의 총체인 세계는 고정불변이 아닙니다. 우리가 고전에서 보는 수많은 말과 사상들이란 그러한 고정불변하는 것들에 대한 욕망이거나 고정불변의 허상에 대한 문제 제기입니다. 인간이 제아무리 날것의 '있는 그대로'의 세계를 붙잡으려 해도, 날것 그대로의 세계는 저 멀리 약동하는 시공 속으로 달아나고 맙니다. 때문에 인간의 세계란 의미의 그물망으로 경계 지어놓은 세계임을 우리는 인정할 수밖에 없습니다. 우리는 모든 그물망이 '상실'을 조건으로 한다는 사실을 기억해야 합니다. 인간은 바다라는 날것의 세계 자체를 살 수는 없습니다. 인간은 바다에 그물을 던지고 인간에게 필요한 세계만을 만납니다. 만약 그물이 바다 자체를 들어 올린다면 그것은 인간에게 필요 없는 일일 뿐더러 그물로서의 가치를 잃는 일입니다. 그물이 그물이기 위해서는 날것 그대로의 세계를 우리에게 건져 올려주는 것이 아니라, 인간이 만나야만 살아갈 수 있는 또는 인간이 욕망하는 세계만을 건져 올려줘야 합니다. 윤리와 규범, 법과 같은 질서뿐만이 아니라 인간의 모든 의미들이 바로 그 그물입니다. 따라서 우리가 살아가는 하루하루의 세계, 의미의 총체란 바로 그물과 마찬가지로 '상실'을 조건으로 한다는 사실을 기억해야 합니다. 날것의 세계를 놓칠 때만이 낯익은 세계, 인간의 세계는 유지

될 수 있습니다. 그러나 그 세계는 그물로 붙잡은 표면일 뿐이며, 상실된 것들이 심연에, 검고 어둡게 자리하고 있습니다.

〈이방인〉의 어머니는 죽었다: 존재의 단단히 고정된 바닥은 없다

오늘 어머니가 죽었습니다. 누구나에게 어머니는 있습니다. 그/그녀의 모든 탄생은 최소한 어머니라는 생물학적인 원인으로부터 시작합니다. 그러나 〈이방인〉은 처음부터 어머님의 죽음으로부터 시작되었습니다. 그 자신을 탄생시킨 토대, 어머님은 나를 존재하게 한 필연적이고 확실한 원인입니다. 그러나 뫼르소에게는 자신의 존재의 본래적 토대가 상실되었습니다. 그것이 오늘의 시작입니다. 생각해 보면 모든 우리의 오늘은 어머니가 없습니다. 낯익은 토대, 낯익은 확실성이 없기 때문입니다. 오늘은, 그리고 내일은 낯선 세계입니다. 그것을 지탱할 최소한의 근거마저도 상실한 채 뫼르소의 삶은 우리에게 펼쳐집니다. 어머니도 죽은 마당에 과거로부터 이어져 온 어떤 세계도 사라질 수밖에 없습니다.

기독교적인 세계관에서 어머니는 창세기입니다. 창세기는 단순히 세계창조의 순간이라기보다, 세계의 어머니입니다. 우리는 누구나 세계를 살아가다 질문을 하죠. 우리가 겪는 삶에다 "왜?"라고 묻습니다. 행복과 성공의 순간보다 고통과 절망의 순간에 우리는 더더욱 묻습니다. "내가 겪고 있는 생로병사의 고통, 사람 사이의 갈등이 어떠한 연유에서 비롯되었는가?" 그렇게 묻고서 원인을 알 때에야 비로소 우리는 고통과 절망, 아픔을 치유할 수 있기 때문입니다. 예를 들어, 의사가 병을 완치시킬 수 있는 능력이 있는 것은 그가 병의 원인을 알고, 원인을 제거하는 방법을 알기 때문인 것처럼 인간은 스스로가 겪는 아픔의 원인을 찾기를 갈망합니다. 그리고 그러한 갈망이 물음으로 던져질 때, 창세기 즉 세계창조의 순간은 대답해 줍니다. 창세기가 그러한 물음에 대답을 해주는 것은, 그것이 기원의 순간, 제일 원인을 보여주기 때문입니다.

기독교적인 세계관만이 이렇게 원인, 기원에 대한 대답을 지니고 있는 것은 아닙니다. 우리가 아는 종교뿐만 아니라, 모든 문명의 신화가 각기 그 민족의 뿌리에 대한 설명을 신화나 율법의 형태로 간직하고 있습니다. 그런 측면에서 각 문명이 살고 있는 세계는 각기 다른 어머니를 토대로 두고 있다고 볼 수 있는 셈입니다. 게다가 그러한 각기 다른 세계를 사는 각기 다른 삶들 또한 해당 세계가 모태하고 있는 어머니를 두고 있다고 볼 수 있습니다.

그러나 〈이방인〉은 애초에 자신의 삶과 세계를 설명해 줄 어머님의 죽음을 자각하면서 시작합니다. 때문에 〈이방인〉은 그의 삶과 세계를 떠받쳐줄 어떤 근거도, 그의 인식과 행위를 설명해 주거나 지시할 어떤 토대도 상실합니다. 이제 '이러이러 해서 그러하다거나', '이러이러 해서 그러해야 한다거나' 하는 인과적 설명이나 논리적 당위성도 그에게는 불가능한 것이 되고 맙니다. 짧은 문장이지만, 그래서 〈이방인〉의 첫 문장은 〈이방인〉이란 소설 전체를 여는 우리에게는 너무나 두껍고 거대한 문턱인 셈입니다. 그리고 어머님의 죽음에 관한 이 자각이 다시 한 번 소설의 마지막에 등장함으로써 뫼르소는 스스로 제 자신이 순간의 문턱임을 보여줍니다.

〈이방인〉은 무의미, 무관심이다
관심의 올가미는 누구의 것인가?

인간은 욕망합니다. 욕망과 욕구 모두 세계를 만나려는 계기이지만, 인간의 욕망은 동물의 욕구와 다릅니다. 동물들은 비교적 제한된 범위(신체에 귀속된 욕구)에서 세계를 대면하고 너-나 할 것 없이 세계와 똑같은 관계를 맺으며 살아갑니다. 배가 고프면 먹을거리를 찾아 사냥을 하고, 배가 부르면 잠을 잡니다. 그러나 인간은 그렇지 않습니다. 배가 고파서 먹을거리를 찾아 나서더라도 자신의 입맛을 고려하고 여타의 상황을 고려합니다. 또 배가 부르더라도 그저 잠을 자거나 소일하지 않고 아직 오지 않은 미래를 위해 현재의 시간을 보냅니다. 그래서 인간은 동물과 다른 방식으로 세계를 대합니다. 바로 세계를 의미화해서 대합니다. 인간의 세계란 동물의 세계처럼 시공간적으로 제한되고 고정된 일의적(一義的) 세계가 아니라 시공간적으로 열려 있는 다의적(多義的) 세계입니다. 그러므로 인간에게는 너-나 없이 똑같은 세계란 없습니다.

인간은 그렇게 의미화된 세계 속에서 의미가 열어준 문을 열고 세계를 만납니다. 이때 인간은 자신이 주체가 되어 자신의 욕망과 관심을 가지고 날것의 세계에 정신의 촉수를 뻗습니다. 세계를 향해 눈을 뜨고 살아갈 때는 어김없이 우리는 나로부터 나와 타자에게로 향하는 관심과 특정한 지향성을 지니고 살아갑니다. 어부는 어부의 관심, 어류학자는 어류학자의 관심을 가지고 물고기를 의미화합니다. 또한 과학자는 달을 위성으로, 시인은 달을 사랑하는 님의 얼굴로 혹은 차오르고 사그라드는 삶의 얼굴로 의미화하고 실천합니다. 아니, 그것뿐만이 아닙니다. 한 사람의 생에서도 세계는 달리 다양한 방식으로 의미화되고 실천됩니다. 눈물이 때론 염기물이 포함되어 소독작용을 하는 용액으로 파악되기도 하며, 때론 슬픔과 분노, 사랑으로 파악되기도 하는 것처럼 말입니다. 따라서 인간 앞에 세계란 그가 지향하는 관심으로 의미화된 세계라고 말할 수 있습니다.

어떤 면에서 의미화는 인간이 세계를 향해 나아가는 통로를 만드는 과정입니다. 그러나 모든 문이 벽을 전제로 우리 앞에 문으로서 나타나듯이 모든 의미화는 한편으로 다른 방식의 의미를 닫아버림을 전제로 합니다. 하나의 의미는 인간이 세계를 그러한 의미로 관계 맺게 해주는 역할을 함과 동시에 또한 다른 의미로 만날 수 없게 하는 역할을 하는 셈입니다. 의미는 그렇게 다양한 방식으로 세계를 향해 열려 있는 인간의 문턱들이어서 세계를 밝게 우리에게 열어 보여주지만, 그 밝음의 이면에 어둠과 은폐가 깊게 자리하고 있습니다. 예를 들어, 신동집의 "오렌지"라는 시에서 우리는 의미화의 밝음과 어둠을 살펴볼 수 있습니다. 인간은 자신 앞의 세계를 대면해서 이름을 붙이고 의미화합니다. 이때 인간의 앞에 선 그것은 '먹는 과일', 또는 '어떠어떠한 맛이 나는 것'으로서의 의미를 부여받습니다. 그러나 이는 필연적으로 우리의 일상에서 '그것이어야 함'을 함축하는 실천으로 나타납니다. 오렌지에 손을 대고, 먹고 하는 과정에서 썩은 오렌지를 만나거나 의미화된 맛이 아닌 다른 맛이 나타날 때, 우리는 오렌지를 쓸모없는 것이나 이상한 오렌지로 받아들입니다. 사실, 시선을 돌려 오렌지가 의미화의 주인일 경우를 가정해 본다면 이러한 의미화가 일종의 인간중심주의에 기초해 있다는 사실을 금세 알 수 있습니다. 오렌지의 입장에서 하나의 과실이 썩어가고 씨앗의 양분을 제공해 주는 것은 당연한 것이니까요. 요컨대, 우리는 이렇게 말할 수 있습니다. 우리는 날것 그대로의 세계를 보는 것이 아니라, 의미화된 세계를 보고 있는 것이라고요. 그리고 그 의미화란 다분히 의미를 부여하는 주체, 그 인간의 세계관과 가치, 즉 그가 지향하는 욕망이 투영된 것이라고 말이죠.

〈이방인〉은 묻습니다. 여행과 떠남을 위해서는 물어야 하는 것처럼 말입니다. 일상의 제 스스로에게 즐거운지를 물어야 하고, 따분하거나 지겨운 느낌에 물어야 하고, 제 삶이 과연 옳은지를 물어야 합니다. 그 물음은 바로 세계-안의 제 스스로의 삶을 문제 삼습니다. 아니 보다 정확히 제 삶이 이루어지고 있는 바, 자신이 세계와 맺고 있는 관계를 묻습니다. 그리고 그것이 바로 낯익은 세계-안에서 거주하면서 살아가는 제 자신의 삶에 관한 물음이며, 이러한 제 스스로에 대한 질문이 바로 여행-떠남의 계기를 선사합니다. 그것이 여행 떠남의 계기가 되는 것은 낯익은 세계가 이루고 있는 한계를 볼 수 있도록 하는 순간을 선사하기 때문입니다. 자신의 세계에 대한 물음은 낯익은 세계의 벽을 볼 수 있도록 해줍니다. 여행은 한편으로 낯익은 세계와 낯선 세계의 경계를 넘는 일이며, 낯익음을 떠나 낯선 바깥과 만나는 과정입니다.

그래서 여행은 문턱을 만나 이쪽과 저쪽, 이 방과 저 방, 안과 밖의 경계를 우리에게 보여줍니다. 여행은 그렇게 낯익은 시공 '안'에서 '바깥'으로 발걸음을, 삶의 걸음을 옮기는 일입니다. 새로운 세계의 창조를 위한 노크 소리가 바로 〈이방인〉입니다.

무관심-관심과 의미의 세계에 대한 물음표

이렇게 보면 〈이방인〉은 공간적인 개념(공간적으로 밖에 있는 사람)이기 이전에 우리가 경험하는 낯설음의 느낌입니다. 우리는 누구나 한 번쯤 일상의 삶에서 문득, 낯설음을 경험합니다. 도심을 걸어가다가, 수많은 사람들에 섞여 하루를 나다가 우리는 문득, 자신이 살아가는 세계와 자신의 모습이 통째로 낯설어짐을 경험합니다. 그때, 우리는 우리가 살던 세계에서 이방인입니다. 아니 우리는 가끔 일상의 제 삶에서도 이방인이 됩니다. 학원에서, 학교에서, 직장에서 열심히 자신에게 부여된 의무와 역할을 하다가 문득 따뜻한 햇살에 창밖으로 고개를 돌리거나, 나른한 기분으로 멍해질 때가 있습니다. 그런 순간에 우리는 때로 자신의 존재가 실천하는 행위, 그리고 그 행위가 놓인 세계가 무의미하다는 느낌을 발견할 때가 있습니다. 마치 제 몸으로 살아도 제 몸으로 사는 것 같지 않은 느낌, 혹은 제 몸과 삶에 아무런 의미가 없는 삶을 사는 것 같은 느낌, 그것이 바로 이방인의 낯선 느낌입니다.

무관심의 느낌입니다. 이방인은 무관심입니다. 우리가 〈이방인〉의 뫼르소에게 자칫 아무런 욕망이 없는 사람과 같은 느낌을 받는 이유가 여기에 있습니다. 뫼르소는 사람들과 관심을 공유하지 못합니다. 때문에 의미도 공유하지 못하고 나아가 행위와 실천도 공유하지 못합니다. 사람들이 뫼르소에게 어머님에 대한 '사랑'을 요구할 때나 마리가 '사랑'을 요구할 때 뫼르소는 낯설어합니다. 그러나 그러한 낯설음은 사실 우리가 확인했던 사람들의 사랑, 레몽과 살라마노 영감의 사랑, 사람들의 상식에 대한 사랑과 신부의 신에 대한 사랑을 비로소 '밖'에서 바라볼 수 있는 가능성을 열어줍니다. 그들과 같은 사랑을 당연하게 생각하며 살아가는 우리의 삶이 사실은 완전한 것도 아니요, 전부도 아니요, 그렇다고 절대적으로 옳은 것만도 아님을 〈이방인〉의 눈을 통해서 우리는 비로소 경험합니다.

〈이방인〉은 모름이다: 누구도 모르나니

나는 오늘도 세계를 만납니다. 나와 세계와의 만남이 곧 인간의 삶인 겝니다. 누구를 만나고 무엇을 만나고 하는 과정, 끊임없이 이어지는 특정한 시공과의 만남이 인간의 삶입니다. 그러나 우리의 그러한 만남이란 도무지 이해할 수 없을 때가 많습니다. 도대체 무엇 때문에 나는 이렇게 살고 있는가, 나는 왜 그때 그랬었나, 나는 왜 하필 그녀와 사랑에 빠졌었나…와 같은 물음을 우리는 자주 던집니다. 그러나 삶은 그 자체로 비합리적입니다. 우리가 '합리적이다'란 말을 할 때 그 의미는 이해할 수 있음이고, 이때 이해할 수 있음이란 이성을 통해 이유를 알 수 있음입니다. 우리의 삶은 그러나 이해할 수 없는 것들로 가득 차 있습니다. 나와 세계 사이의 만남에서는 너무나도 많이 그러한 이해할 수 없는 일들이 가득합니다. 아니, 왜 이러한 존재로 우리가 살고 있는지, 물으면 물을수록 우리의 삶의 이유는 오리무중입니다. 우리의 삶 자체가 도무지 이해할 수 없음이고, 비합리적이죠. 우리의 삶도 이러한데, 어머니를 잃은 뫼르소의 삶은 오죽할까 싶습니다.

뫼르소는 낯선 것을 낯선 것으로 대하는 사람입니다.

제 스스로를 낯익은 의미들로 제어하거나 통제할 수 있는 사람이 아니라는 것이죠. 그는 급기야 이 소설의 가장 큰 문턱이 되는 살인을 저지릅니다. 그러나 그 이유를 누구도 알 수 없습니다. 설사 그가 법정에서 '태양 때문이었다'고 고백했다 해도, 그것은 어쩌면 그가 파악한 이유였을 뿐 그것이 더운 공기 때문이었는지, 눈부심 때문이었는지, 아니면 그의 혼미한 정신 상황 때문이었는지, 아랍인의 위협적인 몸짓 때문이었는지, 그조차 확실히 알 수는 없습니다. 그러나 사건에 대해서 사람들은 말합니다. 이유! 이유가 있었다고 말이죠. 하나의 사건이 일어났을 때, 법정은 그것을 결과로 간주합니다. 그리고 원인을 묻습니다. 그러나 그 원인 또한 의미망 안에서 읽힙니다. '이러이러 해서, 이랬다'라는 낯익은 인과의 틀 안에서 사건의 원인은 읽힙니다. 검사의 논고를 자세히 들여다보면, 그가 뫼르소의 행위를 있는 그대로 판단하려 하기보다 자신이 지닌 인과의 틀에 뫼르소의 삶을 구겨 넣고 있음을 볼 수 있습니다. 이것은 어쩌면 검사의 논고에서만 일어나는 일이 아니라 우리의 삶 안에서 하루하루 일어나고 있는 일인지 모릅니다. 사태 자체를 최소한 모든 정해진 틀에 유보시킨 후, 사태 자체로 이해하고 판단하기 위해 노력하기보다, 내 자신이 지니고 있는 의미망으로 붙잡아 들인 후, 그 틀에 따라 사태를 배열하고 이해하는 방식! 이것이 어쩌면 우리의 일상적인 '이해'와 '앎'의 방식이라면, 뫼르소의 모름은, 그리고 그가 밝힌 '태양 때문이었다'는 말도 안 되는 고백은 스스로의 존재에 대한 솔직한 고백이 되겠지요.

뫼르소는 인간이 아니다: 사람들의 '살이', 인간적인 너무나 인간적인

우리는 人間입니다. 바로 '사람-사이'입니다. 인간은 사람 사이에 던져지고 태어나는 존재입니다. 누구도 홀로 태어나 자기만의 세계를 만들고 살아가지 않습니다. 홀로 숲속에 던져진 늑대소년에게 우리네와 같은 세계는 없습니다. 우리가 인간이라고 부를 때, 그것은 비단 다른 사람과 더불어 도움을 주고받으며 살아간다는 의미 외에도 사람 사이에 던져져 태어남이라는 의미도 숨어 있습니다. 예를 들어, 로빈슨 크루소나 백이와 숙제의 경우 홀로 살아도 인간인 이유는 그들은 이미 사람 사이에 태어나 그 아닌 존재들에게서 세계를 배웠기 때문입니다. 로빈슨 크루소가 무인도라는 날것 그대로의 세계를, 그 자체로 내버려두지 않고 서구 문명을 건설해 나갔다는 사실에서 우리는 사람 사이에 태어난 존재가 바라보는 세계가 바로 그가 태어난 사람 사이로부터 연유한다는 사실을 볼 수 있습니다. 만약 조선 시대 김 서방이 무인도에 떨어졌다면, 조선 시대의 문화를 무인도에 건설했겠죠. 이처럼 인간의 세계란 그가 태어난 남들에게 받은 세계입니다. 우리 인간은 그렇게 남들의 세계에 던져져서 그것을 나의 세계로 삼고 살아가는 존재입니다. 그러나 우리의 일상적 물음은 거기에 미치지 못합니다. 마치 검사와 변호사가 사실은 뫼르소를 심문하거나 변론한다는 전혀 다른 태도를 보인다고 해도, 그들의 세계는 법전과 사람들의 일상적 의미망에서 한 치의 차이도 없는 것처럼 말이죠. 그들에게서 죄의 의미와 선악의 경계는 일치합니다. 다만, 한 명은 뫼르소를 그 안에 집어넣으려고 하고 또 한 명은 그 안에서 뫼르소를 꺼내려고 합니다.

우리에게 어쩌면 사랑도 남들의 의미입니다. 뫼르소는 사랑하지 않습니다. 아니 뫼르소는 '사랑'합니다. 죄를 묻고, 회개를 설득하러 온 신부는 뫼르소가 날것의 세계를 사랑하고 있음을 인정합니다. 그러나 뫼르소는 사람들의 의미대로, 혹은 사람들의 세계-안에서 그대로 사랑하지 않습니다. 어머니에게도, 마리에게도 그는 사람들의 방식대로 사랑을 말하거나 실천하지 않습니다. 때문에 뫼르소는 사랑한 것도 아니고 사랑하지 않은 것도 아닙니다. 뫼르소는 다만, 자신의 시간에 충실했을 뿐이고, 그 시간 속의 문턱을 놓치지 않았던 것입니다. 그리고 사람-사이의 의미에서 벗어나 있을 뿐이고, 남들이 그에게 준 세계인식의 틀에서 벗어난 이방인일 뿐입니다.

그래서 뫼르소는 바깥에 있습니다. 남들의 세계-안에 태어났지만, 뫼르소는 그에 대해 질문합니다. '왜 그러한 사랑이고, 왜 그러한 선과 악인가? 왜 그러한 방식의 설명이고 이해이고 정의인가?' 남들의 세계에서 선인가 악인가를 묻지 않고, 오히려 선과 악이라는 의미망 바깥에 머물러 있습니다. 때문에 용서도 구하지 않고, 회개하지도 않습니다. 어쩌면 몰인정하고 비인간적으로 보이는 이러한 뫼르소의 태도는 그가 바깥에 있는 존재이기에 나쁘다고만은 할 수 없습니다. 우리가 설사 뫼르소의 행위에 대해 비난한다 할지라도, 그러한 우리가 세계-안에서 인식하고 행위하고 발언하고 있기 때문입니다.

〈이방인〉은 '다시-태어남'의 문턱이다: 순간의 문턱, 이방인

그러나 뫼르소처럼 살 수는 없습니다. 누구도 사람 사이의 세계 밖에서 떠돌아다니는 삶을 살 수 없듯이 말입니다. 나의 세계는 남들의 세계와 겹칩니다. 제아무리 남들의 세계를 비웃어도 우리는 남들과 더불어 사는 한, 남들의 세계에서 이방인으로 살 수만은 없습니다. 설사 남들의 세계가 잘못되었다고 한다면 남들의 세계와 싸워야 합니다. 그것이 人間-다움이기도 합니다. 제아무리 잘난 사람도, 제아무리 못난 사람도 그 자체로 잘나거나 못나지 않습니다. 사람 속에서 잘나거나 못남이고, 그러고서도 사람-사이에서 살아가야 합니다.

우리는 뫼르소가 일상의 바깥임을 보았습니다. 우리네의 일상 세계란 생활의 세계이고, 언제나 사람-사이에서 생활하는 세계일 수밖에 없습니다. 그래서 뫼르소는 인간이지만, 한편으로 인간다움(사람-사이에서 부대끼며 살기)을 찾기 힘든 존재입니다. 따라서 우리는 늘 뫼르소일 수는 없습니다. 뫼르소가 사람들의 세계 바깥을 얼쩡거리면서 사는 것도 뫼르소에게 세계가 없었던 것이 아니라 사람들의 일상 밖이 뫼르소가 거주하는 세계였기 때문입니다. 하지만 그렇게 사람들과 공유되지 않는 세계, '이해하려 하지도 않고 이해받으려고 하지도 않는' 세계 속에 머물러 있는 것 또한 하나의 세계-안에 머물러 있음일 뿐입니다. 이방인 뫼르소가 여행자라면 그렇게 사는 것 또한 여행자가 아니라 자신의 세계 안에서 머물러 있는 닫힌 삶일 뿐이며, 사람-사이에 엮여 들어가지 못한 존재일 뿐입니다. 우리는 그리고 뫼르소 또한 그렇게 늘-언제나 순간의 문턱, 경계-밖의 세계-안에서조차 머무를 수 없습니다. 만약, 한 번뿐인 삶에서 새로운 삶과 세계의 가능성을 우리네 삶이 긍정할 수 있다면 다시 떠나야 합니다.

그리고 기어코 뫼르소는 다시 여행을 떠납니다. 이것이 〈이방인〉의 마지막 장면을 이룹니다. 사형장으로 끌려가기 전날 밤 뫼르소는 열에 휩싸여 고민합니다. 그리고 그 고민의 끝에 신새벽, 어둠과 밝음의 교차점, 몰락과 탄생의 시간이 찾아옵니다. 어쩌면 〈이방인〉이라는 책 전체가 바로 이 순간에 압축됩니다. 신새벽은 하나의 시간이 죽고, 또 하나의 시간이 탄생하는 시간입니다. 신새벽은 그래서 문턱이며, 세계가 닫히고 열리는 순간의 문턱입니다. 그 순간 뫼르소는 비로소 정다운 무관심을 느낍니다. 뫼르소 자신이 사람들의 세계에서 정다운 무관심의 표정을 드리우고 살았던 존재이면서, 뫼르소는 또한 자신이 거주하던 세계에조차 정다운 무관심의 표정을 떠오르게 합니다. 뫼르소의 세계에 이제야 이방인의 느낌이 찾아드는 시간입니다. 뫼르소는 그 자신의 삶과 세계조차 몰락하는 순간을 경험합니다. 그가 홀로 쌓아올렸던 무대, 그 무대조차 이 순간의 문턱에서는 몰락합니다. 그리고 이제 사람-사이, 더불어의 세계가 이 문턱의 너머에 있습니다. 비록 '증오의 함성'으로 남들이 나를 맞을지라도, 뫼르소는 가보기로 합니다. '홀로의 세계'에서 '더불어의 세계'로 뛰어드는 이 순간은 그래서 뫼르소에게는 다시-살기의 시간입니다. 이때 뫼르소가 떠올린 어머니란 삶의 이유나 인과적 틀의 기원으로서의 어머니가 아니라 부활의 가능성으로서의 어머니입니다. '왜, 죽음 가까이에서 새로운 사랑을 시작하려고 했는지'를 느끼게 해주는 어머니. 어머니는 여행하는 삶의 근저에 놓인 토대, 고정되고 확실한 토대가 아니라 약동하는 삶의 시간, 문턱과 문턱의 이랑을 끊임없이 출렁이게 하는 심연입니다. 뫼르소에게 어머니는 더 이상 나를 이렇게 만들거나, 내게 이러저러하게 살아야만 한다를 말하는 어머니가 아니라, 끊임없이 다시-살기의 가능성을 열어놓아준 어머니입니다.

〈이방인〉의 끝은 그래서 끝이 아닙니다. 뫼르소에게조차 새로운 삶과 세계의 시작이고, 한 세계의 끝과 한 세계의 시작이 마주치는 마디, 바로 순간의 문턱입니다. 낯익은 의미들의 몰락과 낯선 의미들이 펼쳐지는 곳입니다. 그래서 새로운 세계, 무대를 향한 한 배우의 즐거운 뛰어-들어감입니다.

그렇게 〈이방인〉의 마지막은 한 번 더 물음을 던집니다. 새로운 삶의 가능성을 찾아 모험을 떠나는 모든 작은 영웅들의 서막에서 〈이방인〉은 묻습니다. 처음부터 줄곧 이 책이 우리에게 물어왔던 질문, 낯익은 세계의 경계-안에 거주하는 제 삶에 관한 물음, 우리는 스스로 삶의 가능성을 닫고 있지 않는가? 누가 세계의 끝, 순간의 문턱에 서서 새로운 세계를 열 것인가!

실전
연습문제

(가)

　　한 옛날 깊고 깊은 산 속에 굴이 하나 있었습니다. 토끼 한 마리 살고 있는 그곳은 일곱 가지 색으로 꾸며진 꽃 같은 집이었습니다. 토끼는 그 벽이 대리석이라는 것을 모르고 살았습니다. 나갈 구멍이라고 없이 얼마나 깊은지도 모르게 땅속 깊이에 쿡 막혀 든 그 속으로 바위들이 어떻게 그리 묘하게 엇갈렸는지 용히 한 줄로 틈이 뚫어져 거기로 흘러든 가느다란 햇살이 마치 '프리즘'을 통과한 것처럼 방 안에다 찬란한 '스펙트럼'의 여울을 쳐놓았던 것입니다. 도무지 불행이라는 것을 모르고 자랐습니다. 일곱 가지 고운 무지개 색밖에 거기에는 없었으니까요.

　　그러던 그가 그 일곱 가지 고운 빛이 실은 천장 가까이에 있는 창문 같은 데로 흘러든 것이라는 것을 겨우 깨닫기는 자기도 모르게 어딘지 몸이 간지러워지는 것 같으면서 그저 까닭 모르게 무엇이 그립고 아쉬워만 지는 시절에 들어서였습니다. 말하자면 이 깊은 땅 속에서도 사춘기는 찾아온 것이었고, 밖으로 향했던 그의 마음이 내면으로 돌이켜진 것입니다. 그는 생각하였습니다.

"이렇게 고운 빛을 흘러들게 하는 저 바깥 세계는 얼마나 아름다운 곳일까?"

이를테면 그것은 하나의 개안(開眼)이라고 할까. 혁명이었습니다. 이때까지 그렇게 탐스럽고 아름답게 보이던 그 돌집이 그로부터 갑자기 보잘것없는 것으로 비치기 시작했던 것입니다. '에덴'동산에는 올빼미가 울기 시작한 것입니다.

그러나 아무리 찾아보아도 바깥 세계로 나갈 구멍은 역시 없었습니다. 두드려도 보고 울면서 몸으로 떠밀어도 보았으나 끄덕도 하지 않는 돌 바위였습니다. 차디찬 감옥의 벽이었습니다. 갇혀 있는 자기의 위치를 깨달아야 했을 뿐이었습니다.

어떻게 해서 이런 곳에서 살게 되었던가?

모릅니다. 그런 까다로운 문제를 생각해 본 적도 없었습니다. 아무리 기억을 더듬어 생각해 보아도 일곱 가지 색으로 엉클어지는 기억 저쪽에 무엇이 무한한 무슨 느낌을 주는 무슨 세계가 있었던 것 같기도 하지만, 그것은 지금 눈망울에 그리고 있는 바깥 세계를 두고 그렇게 느껴지게 된 것인지도 모릅니다.

나면서부터 이곳에 산 것이 아닌 것만은 확실하다.

그는 결국 이렇게 결론을 내리지 않을 수 없었습니다. 그래야 바깥 세계가 있다는 것이 확실해지는 것이기도 하였습니다. ─장용학 〈요한시집〉

(나)

영화가 시작하기 전에 우리는

일제히 일어나 애국가를 경청한다.

삼천리 화려 강산의

을숙도에서 일정한 군(群)을 이루며

갈대 숲을 이룩하는 흰 새떼들이

자기들끼리 끼룩거리면서

자기들끼리 낄낄대면서

일렬 이열 삼렬 횡대로 자기들의 세상을

이 세상에서 떼어 메고

이 세상 밖 어디론가 날아간다.

우리도 우리들끼리

낄낄대면서

깔쭉대면서

우리의 대열을 이루며

한 세상 떼어 메고

이 세상 밖 어디론가 날아갔으면

하는데 대한 사람 대한으로

길이 보전하세로

각각 자기 자리에 앉는다.

주저앉는다.

— 황지우 〈새들도 세상을 뜨는구나〉

〈문제〉 두 글에 공통적으로 드러나는 현실인식을 설명하고, ⓐ (가)의 인물이 (나)의 인물에게 말을 건네거나, ⓑ (나)의 인물이 (가)의 인물에게 말을 건네는 상황을 가정할 때, ⓐ, ⓑ 두 상황 중 하나를 선택해서 해당 상황의 화자가 상대방에게 건네는 이야기를 서술하시오.

다락원 명작노트 **047**

이방인

펴낸이 정효섭
펴낸곳 (주)다락원

초판 1쇄 인쇄 2007년 8월 16일
초판 1쇄 발행 2007년 8월 20일

책임편집 안창열, 김지영
디자인 손혜정, 박은진
번역 장계성
삽화 손창복

다락원 경기도 파주시 교하읍 문발리 509-1
Tel:(02)736-2031 Fax:(02)732-2037
(내용문의: 내선 410/구입문의: 내선 113~114)
출판등록 1977년 9월 16일 제300-1977-23호

Copyright ⓒ 2007, 다락원

출판사의 허락 없이 이 책의 일부 또는 전부를
무단 복제·전재·발췌할 수 없습니다.
잘못된 책은 바꿔 드립니다.

값 8,500원

ISBN 978-89-5995-162-8 43740

영어 독해력 증강 프로그램

행복한 명작 읽기

〈행복한 명작 읽기〉는 기초가 약한 영어 초급자나 초, 중, 고 학생들이 보다 즐겁고 효과적으로 명작들을 읽으며 독해력을 키울 수 있도록 개발된 **독해력 증강 프로그램**입니다.

국판 | **Grade 1, 2, 3** 각권 **6,000원**(오디오 CD 1개 포함)
Grade 4, 5 각권 **7,000원**(오디오 CD 1개포함)
*어린왕자 **8,000원**(오디오 CD 2개 포함)
고도를 기다리며 **9,000원(오디오 CD 2개 포함)

책의 특징

1 골라 읽는 재미가 있다. 초보자를 위한 350단어 수준에서 중고급자를 위한 1,000단어 수준까지 5단계 구성.
2 단계별로 효과적인 영어 읽기 요령과 영문 고유의 참맛을 느낄 수 있는 장치가 곳곳에.
3 읽기만 해도 영어의 키가 쑥쑥 - 해석을 돕는 돼지꼬리(◞◟), 영어표현 및 문법 설명, 퀴즈가 왕창.
4 체계적인 듣기 학습까지. 전문 미국 성우들의 생동감 넘치는 원음을 담은 오디오 CD 제공.

Grade 1 Beginner	**Grade 2** Elementary	**Grade 3** Pre-intermediate	**Grade 4** intermediate	**Grade 5** Upper-intermediate
350words	**450**words	**600**words	**800**words	**1000**words
1 미녀와 야수	11 이솝 이야기	21 톨스토이 단편선	31 오페라 이야기	41 센스 앤 센서빌리티
2 인어공주	12 큰 바위 얼굴	22 크리스마스 캐럴	32 오페라의 유령	42 노인과 바다
3 크리스마스 이야기	13 빨간머리 앤	23 비밀의 화원	33 어린 왕자*	43 위대한 유산
4 성냥팔이 소녀 외	14 플랜더스의 개	24 헬렌 켈러, 나의 이야기	34 돈키호테	44 셜록 홈즈 베스트
5 성경 이야기 1	15 키다리 아저씨	25 베니스의 상인	35 안네의 일기	45 포 단편선
6 신데렐라	16 성경 이야기 2	26 오즈의 마법사	36 고도를 기다리며**	46 드라큘라
7 정글북	17 피터팬	27 이상한 나라의 앨리스	37 투명인간	47 로미오와 줄리엣
8 하이디	18 행복한 왕자 외	28 로빈 후드	38 오 헨리 단편선	48 주홍글씨
9 아라비안 나이트	19 몬테크리스토 백작	29 80일 간의 세계 일주	39 레 미제라블	49 안나 카레니나
10 톰 아저씨의 오두막	20 별 ǀ 마지막 수업	30 작은 아씨들	40 그리스 로마 신화	50 나에겐 꿈이 있습니다 -명연설문 모음

쉬운 영문을 통해 영어 독해에 대한 막연한 두려움을 없앴다

실력에 맞게 효과적으로 끌어 읽으며 직독직해 훈련을 한다.

영문판 원서 도전을 위한 전 단계의 준비과정이다.

왕초보 기초다지기   **실력 굳히기**   **영어의 맛**
제대로 느끼기